AF403084

Paris
Catrony
... rue de la Sorbonne.

MÉTHODE EUROPÉENNE

par Abc,

LECTURE

de huit langues

Signes européens pour lire huit langues.

ı = d	ᴗ = eu	ᴗ = ieu	´ = é	` = è	˙ = i	⌐ = ou	ˇ = ch ᴗ = son sourd
˙˙ = aï	⌐ = o	˙ = io	´ = ié	ˇ = iè	⌐ = u	⌐ = iou	ă = e a e ou nul

à = e

ê = i

ï = aï

ö = ou

Règle unique.

Toute lettre surmontée d'un de nos signes perd sa valeur propre et prend celle du signe.—Toute lettre pointée en bas est nulle dans la prononciation excepté dans le russe et l'arabe.

UNE HEURE
POUR LIRE 8 LANGUES.

â = o

û = iou

ü = eu

ŏ = eu

français — anglais — allemand — russe — arabe — espagnol — italien — portugais

autographie

Catrony
éditeur

Prime perpétuelle (voy. dernière page).

Étude comparée de huit alphabets

L'alphabet russe a 36 lettres dont 15 voyelles; l'arabe 29 lettres dont voyelles, l'anglais, l'allemand et le français, 26 lettres dont 6 voyelles. Le w manque à l'espagnol, le w et le z au portugais, les lettres x, y, w et k à l'italien.

Malgré la supériorité numérique des alphabets russe et arabe, toutes les lettres de notre alphabet latin ne s'y trouvent pas représentées. L'arabe est dépourvu des lettres c, e, j, p, u, v, w, x, et les lettres h, q, s, u, w manquent à l'alphabet russe.

Voilà pour les lettres, voici pour les sons

Chaque langue a un ou plusieurs sons particuliers dont elle possède le monopole. Quelquefois une langue manque de un plusieurs sons, communs aux autres langues;

Le son e français n'existe ni dans le portugais, ni dans l'espagnol, ni dans l'italien. La lettre e s'y prononce é ou è comme en allemand.

Le son u ne se rencontre que dans le français et par exception dans le portugais et l'allemand. Ailleurs l'u se prononce ou en général. Cette lettre manquant dans le russe et l'arabe, le son ou y est représenté par d'autres lettres

Les sons voyelles a, i, o, é existent dans les huit langues mais ne sont pas toujours représentés par la même lettre. De là, ces règles infinies de prononciation, souvent aussi difficiles à apprendre que la langue elle-même et que nous avons réduites à un principe unique par notre nouvelle prononciation figurée.

Les sons consonnes q et h manquent au russe; le son français (j) à l'espagnol, à l'allemand et à l'arabe, où il devient guttural. En italien, on le prononce (dj) comme le djim arabe.

Le son cs ne figure ni dans l'italien,

ni dans le russe, ni dans l'arabe En russe l'x se prononce comme le ch guttural allemand.

Le z se prononce ss en espagnol et ts ou tz en italien et en allemand.

Le son des autres consonnes est commun aux huit langues.

Le ch existe dans les huit langues. Il se prononce tch en espagnol et en anglais; k en italien et kch en portugais

Les sons (gn) et (ill) français n'existent que dans les langues latines avec une orthographe différente. Le gn s'écrit nh en portugais et ñ en espagnol. Le ill, gl en italien, lh en portugais et ll en espagnol.

Quant aux sons particuliers à chaque langue, le jota (j) distingue l'espagnol; le (g) et le ch, l'allemand; le th et le ng l'anglais; le double ch (stch), le russe; l'ã sourd et les nasales le portugais; les sons emphatiques l'arabe, les nasales et la diphthongue oï (oua) le français.

Cette vue générale, sans être absolument nécessaire, fera mieux saisir l'importance de notre découverte et la simplicité de nos tableaux, surtout si on compare notre travail à tous les systèmes déjà parus.

Règle unique. Toute lettre surmontée d'un de nos signes perd sa valeur propre et prend celle du signe. Toute lettre pointée en bas est nulle dans la prononciation, excepté dans le russe et l'arabe.

Remarque. Cette règle concerne les voyelles, qui seules offrent des difficultés. Pour les consonnes et les voyelles non accentuées, voyez le tableau suivant qui résume la théorie de chaque langue.

Valeur de nos signes			
ɩ	= a	..	= aï
◡	= eu	⌃	= o
◡	= ieu	⌢	= io
⁄	= é	‖	= u
⁄	= ié	⌃	= ou
＼	= è	⌃	= iou
＼	= ié	∴	= ch
.	= i	~	= son sourd.
a ̣ e ̣ o ̣ u ̣	{ lettres nulles		

Tableau de prononciation

français	anglais	allemand	russe
an, en } = an aim, em } nasal.	au = ann àu = ènn	an = ann än, àn = ènn	Les voyelles russes accentuées par notre méthode se prononcent comme dans les autres langues. Mais comme il y a six I, nous les figurons ainsi:
in, im yn, ym } = in ain, aim } nasal. ein, eim	ein, aun } = èn eim, aim } èm ssion } tion } = cheun xion }	in = inn on = onn un = oun ie = i	prononcer: I, i = i } = i ijé Й = j } = i iépiou Ы = ï } = oui iépi ь = ĭ } = eu kratkoï Й = ĭ } = nul ijitsa V = y } = i
c, eu } e œu } muet	ŭ = eu eŭ = iou W, oo = ou	ö, ŏ = eu u = ou ü = u	ў = ou
ou = u (it et all) on, om = on.	öm, üm = eum oi, oy = o-ï	oi = o-i	Pour les consonnes: c = ss toujours x = guttural
oi = oua.	oin = o-inn	ai, ei, ey = a-ï	j = j ï = i
oin = ouin	ou = a ture = tchieure	au = aou	ze = tse zi = tsi
au, eau = o	ture = tchioure	äu, äü } ô-i eu, eü }	H = n
un = ün		voyelles adoucies:	B = v
eu = u	ee = i	ä, a } è ö, ŏ } eu ü ü } = u äu, äü } o-i	P = r
ai, ei } es, et } = è es } finales muettes, pl. ent } des sub. et V	ai, ay } = è er, ey } ceal } sial } = chal. tial }	tz = ts th = t ph = f } ze = tse v = f. } zi = tsi j = i	Ces simples notes suffisent pour lire couramment nos textes russes et rétablir l'original au moyen des alphabets que nous plaçons à la fin du volume à titre d'exercice d'écriture
er, ez = é	ër = eur cean } = chan. cian }	ce } tse ci } toi } ch et g ge } = gue } fin syllabes gi } = gu } = son guttural ti = tsi	
ce } = sse ci } ssi	geous } = djeuss. gious } tious } cious } = cheuss. ceous }	sch = ch ck = k	
ge } = je gi } ji	sh = ch franç ch = tch esp.	sk = chk sp = chp.	
tion = ssion s = s, z x = cs, gz ch = sh angl ch = k grec gn = ñ espag. ill = gli ital ph = f	gn = g-n th = dzézayé. ng = son nasal.		

Dans tous les autres cas, les lettres non accentuées se prononcent de même dans les huit langues.

arabe.	espagnol.	italien	portugais.
Dans les diphthongues arabes, les lettres conservent chacune leur son propre. La prononciation des consonnes est très-distincte, mais les voyelles y sont livrées au caprice. Nos signes fixent toutes les exceptions. Ainsi: ȧ = i ã = è ầ = ou Les lettres ṣ, ḍ, ṭ, ẓ, ã sont dites emphatiques. Le ẓ et l'ã se prononcent du gosier. j, q, h } son guttural du ch allemand. ch = ch franç. ạ et ị proviennent du hou. a, ĕ, ĭ, etc } lettres nulles. ā ō, ū ōu } se suppriment pour rétablir l'original, et cet accent laisse à la lettre sa prononciation.	an, in } jamais on, om } son nasal. un = oun u = ou e = é oi } = oï oy } au = aou ou = o-ou ce = ze ci = zi ch = tch gn = g-n ñ = gn fr. ll = ill fr. x = cs xh = cz ch = lch que, qui, gue, gui } l'u est nul ge, gi } toujours guttural. b = v au milieu des mots. u = toujours ou, excepté dans que, gui, que, qui. L'accent aigu á é í ó ú indique l'accent prosodique.	an, in } jamais on, om } son nasal. un = oun u = ou e = é oi } = o-ï oy } au = aou ou = o-ou. ce = tche ci = tchi ch = k gu = gu fran. gli = ill fr. qu = kou sch = sk ua = oua j = i ge } = dje gi } dji z = ts z = dz Le gl se prononce ill s'il est suivi de i; ailleurs, il se prononce g-l. Le gn a le son fr avant e, a, et le son latin avant i, o, u.	ã = ann. êam, ẽẽ = in õe } = on õi } ãi = in e = é u = ou oi, oy = o-i au = aou ou = o-ou ce = sse. ci = ssi. ch = kch nh = gn fr. lh = ill ph = f. rh = r th = t j = j ge } = je gi } ji. ce = sse. ci = ssi L'u se prononce ou. Quelquefois il a le son fr. nous l'indiquons ü comme en allemand. L'accent aigu indique l'accent prosodique

Dans ces trois langues l'accent aigu ne change pas la prononciation de la voyelle.

En russe, les lettres pointées en bas indiquent l'accent prosodique.

Exercices de Lecture

français	anglais	allemand	russe
Adieu	Adieŭ	Gott befohlen	Pròctj
votre	yoŭr	Ihr	vache (2)
serviteur	sérvant	bediente	clŭga, (1)
mon père	mŭ faïhĕr	mein vater.	moï ŏtętse
ma mère	mŭ mŏthĕr	meine mutter	moia mixte
Comment	Hŏw	Wie	Kake
vous portez	Dŏ you (vous)	befinden	bĭtĭ zdorovŭne
vous?	Dŏ?	sie sich?	vĭ?
et chez vous?	and at home	und bei Ihnen	j ŭ vĭ.
fort bien	very well	sehr gut	otchĕnĭ blago
assez bien	pretty well	gut genug	polno blago
mal	ill	übel	xŭdo
très-mal	very ill	sehr übel	otchĕnĭ xŭdo
mieux,	bettĕr	mehr	lŭtchché.
avec plaisir,	with pleaŏŭre	mit Vergnügen	ce volia
votre ami.	your friend	ihr freünde	vache drŭge
Je désire	J désĭre	Ich wünsche	Ja jelatĭ
Déjeuner	tŏ breakfast	fühstücken	zavtrakatĭ
Dîner	tŏ dinner	zu mittagessen	ŏbédatĭ
souper,	tŏ sŭp	zu abend essen	ŭjjnatĭ
loger	tŏ lodge	wohnen	ŏbjtatĭ
une chambre	ă room	eine kammer	ŏdna komnata
Deux, trois,	two, three	zwei, drei	Dva, trŭ
un lit	ă bed	ein bett	ŏdna perjna
Devant	béfore	Davor	spérédj
Derrière	béhind	Dahinten	pazade
Donnez-moi	Give mé	Reichen mir	Datĭ ia
le pain	thé bread	Das Brod	xlébe
du vin	wĭne	Wein	vĭno
du café	coffee	Koffee	xophé
Du fromage	cheese	Käse	cĭre
De l'eau.	water	das wasser	voda

arabe.	espagnol	italien.	portugais.
ăbqā alÿ kÿr	Adios	Addio	Adeos
kĕdym (2)	"	il vostro	vosso
kōrm (1)	servidor de Vm.	servidore	servidor
aboŭ y	padre mio	il mio padre	meu pae
ʿamm y	madre mia	la mia madre	minha mãe
Ouach	como	come	como
ănta ouach	lo pasa	state	lo passa
halĕh,	Vm. "	ella?	ella
ou ănd autʿm	y en su casa?	e in casa	e em casa?
souab "	muy bien	benissimo	muito bem
ykfy mlyh	medianamente	assai béne	bastante bem
ma chÿ mlyh	mal	male	mal
"	mucho mal	malessimo	muito mal
ahsān	mejor	meglio	melhor
mă zăhou	con gusto	con piacere	com prazer
kʿm hălyb	su amigo de Vm	il vostro amico	vosso amigo
ăchtĕhÿ	Yo deseo	Io desidero	Eu anhelo
ftĕr rĕdda	armolzar	asciolvere	almoçar
tă achchÿ	comer	panzare	jaantar
tĕ achchÿ	cenar	cenare	cear
sĕkĕn	"	alloggiare	(logg)lojar
ouahăda byt	una cámara	una camera	huma camera
zoudj, tslĕtsa	dos, tres	due, tre	duas, tres
ferach	una cama	un letto	huma cama
kʿddam	delante	derimpetto	antes
oura	detras	addietro	atraz
Aătÿ ana	Dame Vm.	Date mi	Dai me
ál kōbz	el pan	il pane	o pão
al chĕrab	vino	vino	vinho
qăhoua	café	caffé	café
djĕbĕn	queso	cacio	queijo
ma	agua	aqua.	água

 Exercice de lecture

français	anglais	allemand	russe
Apportez-moi	Bring mé	Bringen mir	Prjnéctj ia
ce plat	this disch	diese Schüssel	ciia plockocti
cette assiette	this plâte	dieser Teller	ciia tarélka
ces biscuits	thèsé biscuits	diese zuckerbrode	céï bjckrjti
les journaux	thé jöurnals	die Tagebucher	jŭrnalé
le sel	thé sält	das Salz	coli (f.)
le poivre	thé pepper	der Pfeffer	pêpélse.
l'huile	thé oil	das Oel	maclo
le vinaigre	the vinégär	der Weinessig	vjnnŭ ŭkcŭce
ceci	this	dieses	cie
cela	that	jener	éto
la fourchette	thé fork	Gzabel	vjlka
la cuillère	thé spoon	Löffel	lojka
le couteau	thé knüfe	Messer	noje
la serviette	à napkin	Tellertuch	calphétka
la chaise	thé chair	Stuhl	stŭle
le fauteuil	elbow-chair	Lehnstuhl	Krécla
Passez-moi	Give mé	Reichen mir	Datŭ ia
la bûche	thé billet	der Klosz	pòdéno
l'allumette	thé match	Streifhölzchen	cernaia cpjtchka
du bois	wood	Holzwerk	drova
la pelle	thé shövel	die Schaufel	Dópata
les pincettes	thé tongs	die zange	stchjptchjkj
le soufflet	thé blow	der Blasebalg	méxa
la pöèle	thé päll	die Pfanne	ckòvòròda
le gril	the gridiron	der Rost	roctéré
la brosse	thé brüsh	die Bürste	stchêtka
le balai	thé broom	der Besen	métla
la chandelle	thé candle	das Licht	calinaia crétcha
Monsieur	Sïr	mein Herr	cŭdarŭ
Madame	Madam	Frau	gòcpòja
Mademoiselle	Miss	Fräulein	cŭdarinia
Bonjour	Good morning	Gut Tag	zdravctvŭŭ

arabe	espagnol	italien	portugais
Djab ana	Traeme	Portate mi	Trazei me
hāda tēbsy	este fuente	questo quatto	este prato
hādou tebsy	esta plato	questo tondo	este prato
hadouma „	estos biscochos	questi biscotti	estes biscoutos
ál akbar ouökt	los Diaros	i giornali	os diaros
ál mēlēh	la sal	il sale	o sal
ál fēlfēl	la pimienta	il pepe	a pimenta
ál zyt	la aceite	il oglio	o azeite
ál kāll	el vinagre	il aceto	o vinagre
hāda	esto	questo	isto
zalik	aquello	quello	isso
Kērfou	tenedor	forchetta	garfo m.
mörrēfa	cuchara	cucchiajo	colher
Kŏðmy	cuchillo	coltello	cutelo
mēnchēfa	servilleta	tavagliuolo	guardanapo
Kōrsy	silla	sedia	cadeira
K^rsy	sillon	seggiolone	poltrona f.
Aātij ana	Dáme Vm	Date mi	Dai me
hātba	un leño	una legna	huma acha
tērchag	pajuela	un zolfanello	mecha
hatal	leña	legno	legha
mēdjērfa	la pala	la pala	a pá
mgōss	las tenazas	le mollette	as pincas
rabourz	los fuelles	la mántice	o folle
mōgla	la sarten	la padella	a frigideira
mēchoua	unas parrillas	la gratella	as grelhas
chyta	el cepillo	la spazzola	a escorva
māslāha	la escoba	la scopa	a rassoura
nour	la bugia	la candela	a bugia
syðy	señor	signore	Senhor
amrga	señora	signora	senhora
bēnt	señorita	signorina	mademoaselle
sbah ál kýr	Buonos dias	Buondi	Bono dias

français	anglais	allemand	russe
Donnez-moi	Give me	Reichen mir.	Daŭ ia
de la bière	beer	Bier	grobe
la bouteille	the bottle	Die Flashe	bytilka
la carafe	à cup	Die Wasserflasche	graphjne
une tasse	à cup	eine Tasse	tchacha
du fruit	fruit	Frucht f.	plode
une pomme	à apple	ein Apfel	abloko
une poire	à pear	eine Birne	ŏdna grychà
cette pêche	this peach	diese Pfirsche	céŭ pércjke
ce raisin	this grapes	diese Traube	céŭ jzioume
une orange	à orange	eine orange	pòmeranétse
des figues	figs	Feigen	phjga
Du veau	veal	Kalbfleisch	télénoke
Du mouton	mutton	hammelfleisch	ŏvéne
Des œufs	eggs	Eier	iaŭtsa
Du lait	milk	milch	mòlŏkŏ
du poulet	fowl	huhn	toŭplénoke
Du beurre	butter	Butter	kŏrŏvïé maclo
Du thé	tea	Thée	tchaŭ
un gâteau	à cake	ein Kuchen	pjrojge
du sucre	sugar	Zucker	caxare
un verre	à glass	ein Trinkglas	rioumka
J'ai	I have	Ich habe	Ia jméiou
vous avez	you have	Sie haben	vŭ jméeta
j'avais	I had	Ich hatte	Ia jméle
vous aviez	you had	Sie hatten	vŭ jmklj
j'aurai	I shall have	Ich werde haben	Ia bỹdỹ jméti
vous aurez	You will have	Sie werden haben	vŭ bỹdeme jméti
je suis	I am	Ich bin	Ia
vous êtes	you are	Sie sind	vŭ. {v. o. entendu
Dernier	last	Leste	poclédnŭ
moitié	half	die hälfte	polovjna
tiers	third	das Drittel	tréti
quart	fourth	das viertel	tchétvérti
paire	pair	paar, n.	para

arabe	espagnol	italien	portugais.
Aâtÿ ana	Dame Vm	Date mi	Dai me
"	cerveza	cervegia	cerveja
garãa	la botella	la bottiglia	a botelha
garãa	la garrafa	la caraffina	a garrafa
fendjal	una taza	una tazza	a taça
fakiha	fruto	frutto	fruta
tĕffaha	una manzana	una mela	huma maça
andjaṣ	una pera	una pera	huma pera
Koukạ	esto melocoton	questa pesca	esta pesca
ănēl	esta uva	questa uva	esta uva
chynạ	una naranja	una arancia	hums laranja
Kārmous	higos	ficos	ficos
ādjĕl	ternera	vitello	vitello
Kĕbch	carnero	montone	carneiro
byd	huevos	uevos	ôvos
halÿb	lecha	latte	leite
fellous	pollo	pòllastro	galhina
zăbda	manteca	burro	manteiga
tsaÿ	té	te	chá
hālavuạ	torta	focaccia	hum bôlo
sĕkkēr	azucar	zucchero	açucar
Kas	un vaso	un gotto	hum copo
ăndy	yo tengo	Io ho	eu tenho
andkôm	Vm. tiene	voi avete	vos tendes
kan ăndy	yo tenia	Io avera	eu tinha
kanᵃ andkᵐ	Vm tenia	voi averate	vos tinheis
ykoun andy	yo tendré	Io avrò	Io terei
ykⁿⁿa andkᵐ	Vm tendra	voi avrete	vos tereis
rany	yo soy	Io sono	Eu sou
rakᵐ	Vm es	voi siete	vos sois
ajār	ultimo	último	ultimo
nôff	metà	mitad	metade
tsᵗᵉt	terzo	tercio	terço
rôbă	quarto	cuarto	quarto
roudj	pais	par	par

Exercices de lecture

français	anglais	allemand	russe
Un	one	ein	odjne
deux	two	zwei	Dva
trois	three	Drei	trj
quatre	four	vier	tchétire
cinq	five	fünf	piate
six	six	sechs	chécti
sept	seven	sieben	cémi
huit	eight	acht	vocémi
neuf	nine	neun	Déviati
Dix	ten	zehn.	Déciati
onze	eleven	elf	odjnnadtsati
Douze	twelve	zwölf	Dvénadtsati
treize	thirteen	Dreizehn	trjnadtsati
quatorze	fourteen	vierzehn	tchéturnatsati
quinze	fifteen	fünfzehn	piatnatsati
seize	sixteen	sechszehn	chéctnadsati
Dix-sept	seventeen	siebzehn	cémnadtsati
Dix-huit	eighteen	achtzehn	vocemnadtsati
Dix-neuf	nineteen	neunzehn	Déviatnadtsati
vingt	twenty	zwanzig	Dvadtsati
trente	thirty	Dreiszig	trjdtsati
quarante	forty	vierzig	cqroke
cinquante	fifty	fünfzig	piatidéciate
soixante	sixty	sechzig	chéctidéciate
soixante-dix	seventy	siebzig	cémidéciate
quatre-vingt	eighty	achtzig	vocemidéciate
quatre-vingt-dix	ninety	neunzig	Dévianocto
cent	one hundred	hundert	cto.
mille	one thousand	tausend	ticiatcha
la bouche	the mouth	der Mund	rote
la barbe	the beard	der Bart	boroda
les bras	the arms	die Arme	rjkj
action	action	die Handlung	Déictvie
agir	to act	handeln	délati

arabe	espagnol	italien	portugais.
ouahãd	Uno	Uno	Um
zoudj	Dos	Due	dois
tslêtsa	tres	tre	tres
arbãa	Cuatro	quatro	quatro
jãmsa	Cinco	cinque	cinco
sêtta	seis	sei	seis
sêbãa	siete	sette	sette
tsmanya	ocho	otto	oito
tsãa	nueve	novo	nove
ãchãra	Diez	Dicci	Dez
ahdach	once	undeci	onze
atnach	Doce	Dodeci	Doze
tlãtach	trece	tredeci	treze
arbãtãch	Catorce	qualtordici	quatoze
jãmstach	quince	quindici	quinze
sêttach	Diez y seis	sedici	dezaseis
sêbãtach	Diez y siete	Diciassette	dezesete
tsmãntach	Diez y ocho	Diciotto	Dezoito
tsãtach	diez y nueve	Diciannovo	dezenove
ãchryn	veinte	venti	vinte
tslêtsyn	treinta	trenta	trinta
arbãyn	Carenta	quaranta	quarenta
jamsyn	Cincuenta	cinquanta	cincoenta
settyn	sesenta	sessanta	sessenta
sêbãyn	setenta	settanta	settenta
tsmanyyn	ochenta	ottanta	oitenta
tsãyn	noventa	noventa	noventa
mija	ciento	cento	cem
ãlf	mil	mille	mil
foum	la boca	la bocca	a boca
lãhia	las barbas	la barba	a barba
drã	los brazos	le braccia	os braços
ãmlã	la accion	l'azione	a acção
amêl	obrar	agire	obrar

Exercices d'écriture.

Anglais.	Allemand.	Russe.	Arabe.

Allemand

ß ßt = st
ch
ck
ss
ff
sz
sst
ä = e
ĕ = eu

russe

= stch
= eu
ы — ĭ sourd
ь = i
ѣ = é ié
э = é
ю — iou
я = ia
ѵ = y
й = i muet

arabe

= a sourd
= dj
= d
= d
= r
= s
= t
= ts
= ch

Texte allemand

Haben Sie
etwas nötig
Die Tapferkeit
ist nur dann
eine Tugend wenn
Sie von Einsicht
geleitet wird.

Texte européen

Haben Sie
avez- *vous*
etwas nötig ?
q.ch. *besoin*
Die Tapferkeit
La *valeur*
ist nur dann
est *seulement* *alors*
eine Tugen wenn
une *vertu* *lorsque*
Sie von Einsicht
elle *par* *prudence*
geleitet wird.
reglée *devient*

Remarque. Notre Grammaire européenne et nos méthodes, aidées de nos Dictionnaires, permettent de pousser à bout l'étude d'une quelconque des huit langues.

Prime perpétuelle

à tout acquéreur des ouvrages édités par E. Catrony.

Au moins 50 pour 100 de remise — sur les ouvrages suivants, au choix.

	Prix: en librairie	Envoyé franco au souscripteur
Les Prétendants et l'Invasion 1870 2 vol	8.t "	4.t "
Musique dramatique notices 8°	9.t "	4. "
Bibliographie des journaux (1787 à 1828)	12.t "	6. "
La Science de l'Esprit (Huet) 2 vol. 8°	14. "	7. "
Album de Paris 55 planches Rel. luxe	25. "	12. " 50
La Chine, histoires, mœurs, 120 grav. 5 vol	30. "	15.t "
Les Contemporains 60 vol.	25.t "	12. 50
Histoire de mon temps 6 vol. 8°	36. "	18. "
Histoire de la Turquie (Lamartine) 6 t. 8°	60. "	30. "
Histoire romaine et italienne 12 vol. 8°	72.t "	30.t "
Histoire des États européens 6 vol 8°	42.t "	21.t "
Panorama historique 202 cartes, 540 grav	80.t "	40.t "
Légendes flamandes	6. "	3
Curiosités des anciennes justices	6. "	3
La chute du Ciel	6. "	3
Nobiliaire universel 40 vol.	240.t "	100.t "
Album Boetzel 40 grav. in folio rel. toile	24. "	12. "
Histoire de Paris (Arago) 2 v. 8° grav.	18. "	9.t "
Histoire de l'Europe (Alison)	35.t "	10.t "
Physique simplifiée 4 vol. 4 mille pag figures	60.t "	25.t "
Parnasse médical	7.t "	3.t 50
Gouvern.t de Normandie 5 vol 8°	35.t "	15.t "
Annuaire historique 3 vol. 8°	45.t "	12.t "
Mélanges (Bordas, Dumoulin) 2 vol	10.t "	5.t
Révolutions d'Italie. 4 vol	20.t "	10.t
Relations politiques 5 vol	25.t "	10.t

Pour recevoir FRANCO et à domicile un ou plusieurs de ces volumes en envoyer le montant par lettre affranchie à Mr E. Catrony, éditeur

Paris   117 rue de l'Université 117   Paris

HUIT
Langues
- 8 -

N°s 2

N°s 2

GRAMMAIRE EUROPÉENNE

ÉTUDE
rapide et complète

MISE A LA PORTÉE
de tout le monde.

1878

1878

par A. b. c.

signes européens pour lire huit langues.

Règle unique.

Toute lettre surmontée d'un de
nos signes perd sa valeur propre
et prend celle du signe. Toute lettre
pointée en bas est nulle dans la
prononciation excepté dans le
russe et l'arabe.

UNE HEURE
pour lire huit langues.

français — anglais — allemand — russe — arabe — espagnol — italien — portugais

Catrony, éditeur
117 rue de l'Université 117

Croville Morant, libraire
20 rue de la Sorbonne 20

PARIS

Imp Caillet rue Jacob 43

Préface.

Sur les soixante mille mots d'une langue quelconque, trois mille environ forment tout le fond courant des vocables classiques. Si nous descendons jusqu'au langage vulgaire, cinq ou six cents mots suffisent pour parler couramment une langue

Prenons un certain nombre de langues, mettons en regard la nomenclature de ces mots communs à tous les hommes, il nous sera très-facile de trouver les racines de plusieurs dialectes, de découvrir la langue mère de certains climats, de suivre les transmigrations des peuples, et nous serons surpris de voir que l'esprit humain, malgré ses deux mille langues, n'est pas en cet endroit aussi fécond, aussi inventif qu'on le suppose généralement.

Mais ce n'est pas seulement à ce haut point de vue que nous publions notre grammaire comparée. Nous voulons surtout vulgariser l'étude des langues étrangères, en simplifiant la Grammaire et la lecture des textes, par une Méthode complète qui permette à chacun d'apprendre, au besoin, seul et sans maître. (Voyez notre Méthode européenne, LECTURE de 8 langues.)

Pour arriver à ce but, il nous fallait d'abord traduire toutes les langues en caractères romains et figurer la prononciation sans détruire l'orthographe de l'original. Le système Robertson et autres, outre qu'ils ne ne sont applicables qu'à une langue, ont encore l'inconvénient de ne rien simplifier dans la lecture des textes. À ce point de vue nous offrons au public une véritable découverte. Huit signes nouveaux joints à quelques autres connus de tous, forment tout notre système (page 4), applicable à toutes les langues

Nos exercices pratiques et notre Précis de Grammaire prouveront au lecteur que nous avons tout simplifié.

3

Dès les premières leçons les professeurs peuvent mettre en pratique notre méthode et faire de bons élèves sans autre étude préalable. Les élèves et les voyageurs, privés d'un professeur spécial peuvent seuls suivre nos cours avec succès.

Mettre à la portée de tout le monde une étude de première nécessité, faciliter le travail du maître et de l'élève en réduisant chaque langue à sa plus simple expression, réformer les Grammaires, les Guides et Dictionnaires polyglottes; rendre possible à tous et en quelques heures la lecture de l'anglais et autres langues en les soumettant à une simple règle, présenter une à une les langues principales de l'Europe et collectivement les langues secondaires; présenter la Grammaire comparée sous un point de vue pratique qui permette de saisir l'analogie et la simplicité des langues, apprendre à lire, à écrire et à parler une langue étrangère en peu de temps en suivant la marche logique et progressive du langage vulgaire au langage usuel et de celui-ci au langage classique, produire enfin une œuvre sérieuse qui au point de vue pratique présente au lecteur une solution complète du difficile problème de l'enseignement des langues vivantes: tel est le but que nous pensons avoir atteint.

Les écrivains qui nous ont précédé dans cette carrière n'ont pas encore envisagé la question à ce vaste point de vue. Notre but étant de faire une Méthode complète (voy. nos ouvrages spéciaux sur chaque langue), nous avons été poussé à examiner la question dans toutes ses faces, et sans avoir la prétention d'avoir dit le dernier mot, nous espérons bien ouvrir une nouvelle voie à ceux qui nous suivront.

Tableau de prononciation

français.	anglais.	allemand.	russe.
an, en } = an am, em } nasal.	au = ann äu = ènn	an = ann än, àn = ènn	Les voyelles russes accentuées par notre méthode se prononcent comme dans les autres langues. Mais comma il y a six I, nous les figurons ainsi :
in, im yn, ym } = in ain, aim } nasal. ein, eim }	ein, ain } = ïen eim, aim } èm ssion } tion } = cheun xion }	in = inn on = onn un = oun ie = i	
e, eu } e eu } muet	ŭ = eu èu = iou	ö, ŏ = eu	pronouncer: I, i = i } = i ijé Й = j } = i iériou. Ы = ǐ } = oui iéri ь = ǐ } = eu kratkoé й = ǐ } = nul ijitsa V = y } = i ÿ = ou
ou = u (it. et all.) on, om = on	w, oo = ou öm, ûm = eum.	u = ou. ü = u	
oi = oua. oin = ouin	oi, oy = o-i oin = o-inn	oi = o-i ai, ei, ey = a-ï	
au, eau = o un = ün eu = u	au = a ture = tchieure ture = tchioure	au = aou äu, âü } eu, èü } ô-ï	Sur les consonnes: c = ss toujours x = guttural j = j j = i
ai, ei } = è es, et } es } finales muettes, pl des sub. et v. ent } er, ez = é	ee = i ai, ay } = è ei ey } ceal } = chal. sial } tial ër = eur	voyelles adoucies: ä, à } è ö, ŏ } eu ü ü } = u äu, âü } o-i	H = n B = v P = r - ...
ce } = sse ci } = ssi	cean } = chan. cian }	tz = ts th = t ph = f ze = tse v = f. zi = tsi j = i	Ces simples notes suffisent pour lire couramment nos textes russes et rétablir l'original au moyen des alphabets que nous plaçons à la fin du volume à titre d'exercice d'écriture
ge } = je gi } = ji tion = ssion s = s, z	geous } = djeuss. gious } tious } cious } = cheuss ceous }	ce } = tse ci } = tsi ge } = gue gi } = gui ch et g fin syllabes = son guttural ti = tsi	
x = cs, gz ch = sh angl. ch = K grec gn = ñ espag. ill = gli ital ph = f.	sh = ch franç. ch =, tch esp. gn = g-n th = dzézayé. ng = son nasal.	sch = ch ck = 'K sk = chk sp = chp.	

Dans tous les autres cas, les lettres non accentuées se prononcent de même dans les huit langues.

arabe.	espagnol.	italien.	portugais.
Dans les diphthongues arabes, les lettres conservent chacune leur son propre. La prononciation des consonnes est très-distincte, mais les voyelles y sont livrées au caprice. Nos signes fixent toutes les exceptions. Ainsi : $\dot{a}$ = i $\breve{a}$ = è $\hat{a}$ = ou Les lettres s, d, t, r, ā sont dites emphatiques. Le r et l'ā se prononcent du gosier. j, q, h } son guttural du ch allemand. ch = ch franç. ʿ et ẹ proviennent du hou. a, ʾ, l } lettres nulles. etc ā ū, ū ou } se suppriment pour rétablir l'original, et cet accent laisse à la lettre sa prononciation.	an, in } jamais on, om } son nasal un = oun u = ou e = é oi, oy } = oï au = aou ou = o-ou ce = ze ci = zi ch = tch gn = g-n ñ = gn fr. ll = ill fr. x = cs xh = cz ch = tch que, qui, gue, gué } l'u est nul ge, gi } toujours guttural. b = v au milieu des mots. u = toujours ou, excepté dans gue, gui, gua, qui. L'accent aigu á é í ó ú indique l'accent prosodique.	an, an } jamais ou, om } son nasal. un = oun u = ou e = é oi, oy } = o-ï au = aou ou = o-ou ce = tche ci = tchi ch = k gn = gn fran. gli = ill fr. qu = kou sch = sk. ua = oua j = i ge } = dje gi } dji z = ts z = tz Le gl se prononce ill s' s' il est suivi de i ; ailleurs, il se prononce g-l. Le gn a le son fr avant e, a, et le son latin avant i, o, u.	ã = ann ; êam, ẽẽ = in õe, õi } = on ãi = in e = é u = ou oi, oy = o-i au = aou ou = o-ou ce = sse ci = ssi ch = kch nh = gn fr. lh = ill ph = f rh = r th = t j = j ge, gi } = je ji ce = sse ci = ssi. L'u se prononce ou. Quelquefois il a le son fr. nous l'indiquons ü comme en allemand. L'accent aigu indique l'accent prosodique

Dans ces trois langues l'accent aigu ne change pas la prononciation de la voyelle.

En russe, les lettres pointées en bas indiquent l'accent prosodique.

français	anglais	allemand	russe
l'aurore	thé dawn	die Morgenröthe	ytriennia zaria
brouillard	thé fog	der Nebel	tŷmane
l'argile	the clay	der Thon	glina
le bois	the wood	das Holz	dérévo
une bûche	à log	ein Scheit	poléno
l'acier	thé steel	der Stahl	ctali
l'ardoise	thé Pâte	der Schiefer	acpilnŭĭ kaméni
l'argent	thé silver	das Silber	cerebro
l'amidon	Starch	Das Stärkemehl	kraxmale
le camphre	camphor	der Campfer	Kamphora
la base	thé base	die Basis	ocnovanïé
l'azur	the azure	das Himmelblau	lazyri
blanc	white	weisz	béli
bleu	blue	blau	cinïi
brun	brown	braun	korjchnévii
le bonheur	Happiness	das Glück	ctchàctié
l'adresse	adress	Geschicklichkeit	lowkocti
l'affection	affection	die zuneigung	blagocklonnocti
l'ambition	ambition	der Ehrgeiz	tchiectolioubié
l'amitié	friendship	Freundschaft	drujjba
l'amour	love	die Liebe	lioubovi
l'apathie	apathy	Stumpfsinnigkeit	apatiia
l'audace	audacity	die Kühnheit	cmélocti
la bonté	Goodness	die Güte	dobrota
le caractère	thé temper	chackter	xaraktére
la bouche	thé mouth	der Mund	rote
la barbe	the beard	Der Bart	boroda
les bras	thé arms	die Arme	rùkj
l'action	action	die handlung	déictvié
agir	to act	handeln	dèlati

et de langage usuel.

arabe	espagnol	italien	portugais
fēdjēr	la aurora	l'aurora	a aurora
ḋbab	la niebla	la nebbia	o nevoeiro
tin	la arcilla	l'argilla	o barro
ʿoud	la madera	te legna	a lenha
haṭba	un leño	un ciocco	uma acha
dēkir	el acero	l'acciaro	o aço
blāt	la pizarra	la lavagna	a ardosia
fōḋḋa	la plata	l'argento	a prato
nēcha	el almidon	l'amido	o amido
Kāfour	el alcanfor	la canfora	o camphora
Kaida	la base	la base	a base
sēmāoui	el azul	l'azzurro	azul celeste
abioḋ	blanco	bianco	branco
āzraq	azul	turchino	azul
asmar	moreno	bruno	pardo
sãaḋ	la dicha	la felicità	a felicidade
chētarā	la destreza	la maestria	o geito
mouhibā	la aficiоy	l'affezione	a affeicão
ṭēmā	la ambicion	l'ambizione	a ambicão
mōhibbā	la amistad	l'amicizia	a amizade
ēuchk	el amor	l'amore	o amor
ēudjēz	la apatia	l'apatia	a apathia
fahal	la audacia	l'audacia	a audacia
djouḋ	la bondad	la bontà	a bondade
tabua	el carácter	il carattere	o caracter
foum	la boca	la bocca	a bocca
lāhia	las barbas	la barba	a barba
ḋrā	los brazos	le braccia	os bracos
ãmlā	la accion	l'azione	a acção
amēl	obrar	agire	obrar

Exercices de lecture

français	anglais	allemand	russe
la beauté	beauty	die Schönheit	krasota
beau	beautiful	schön	krasjvüï
bailler	yawn	gähnen	zévati
l'agonie	agony	ein Todeskampf	prédemértnüia
l'apoplexie	apoplexy	der Schlagflusz	apoplékciia
bégayer	to stammer	stotern	zajkatücia
blesser	to wound	verwunden	ranjtü
un aveugle	a blind man	ein Blinder	clépoï
un boiteux	a lame man	ein Lahmer	xromoï
un borgne	a one eijed	ein Einäugiger	Krjvoï
un antidote	an antidote	ein Gegengift, n.	protуvjiadïé
un bain	a bath	ein Bad, n.	vanna
des bas	stockings	Strümpfe	tchülkj
un bonnet	a cap	eine Mütze	tchépchjke
des bottes	boots	Stieffel	capogj
une agrafe	a hook, clasp.	eine Agraffe	zactéjka
une bourse	a purse	eine Börse	Kochéléke
un bouton	a button	ein Knopf	zapoжka
une canne	a walking-stick	ein Spazierstock	troctü
une allée	an entry	ein Haus-Gang	alléia
un balcon	a balcony	ein Balkon	balkoné
un café	a coffee-house	ein Kaffeehaus, n.	Kaphé-rectorane
un berger	shepherd	ein Schäfer	pactüxe
un arrosoir	a watering-pot	eine Gieszkanne	léïka
arroser	to water	begieszen	pоljvatü
un boulanger	a bäker	ein Bäcker	bülotchnjke
une ancre	an anker	ein Anker	Зakorü
le bord	board	der Bord	borte
une balle	a ball	eine Kugel	pülia
un canon	a cannon	eine Kanone	püchka

el langage usuel.

arabe	espagnol	italien	portugais
Djīmas	la belleza	la bellezza	a belleza
ʿjūmil	bello	bello	bello
bˏˏouˏk	bostezar	sbadigliare	bocejar
mēnāziā	la agonia	l'agonia	a agonia
nōhta	la apoplegía	l'apoplessia	a apoplexie
mˏhˏmˏh	tartamudear	tartagliare	garguegar
Djerah	herir	ferire	ferir
āāma	un ciego	un cieco	um cego
ˏlā	un cojo	uno zoppo	um côxo
ˏouˏr	un tuerto	un monocolo	um torto
Doudd ēs sēmm	contraveneno	contraveleno	contravenbro
hāmmām	un baño	un bagno	um bagho
Djēraba	medias	delle calze	meias
chachia	un gorro	una cuffia	um berrete
Djēyma	botas	stivali	botas
bzima	un broche	un fermaglio	um colchete
Kisa	una bolsa	una borsa	uma bolsa
hēubba	un boton	un bottone	um botão
Kizrāna	un baston	una canna	uma bengala
ˏērbˏznika	un pasadizo	un andito	um passadiço
Drabez	un balcon	un balcone	uma sacada
Kahūa	un café	un caffé	um café
rāi	un pastor	un pastore	um pastor
mērēchch	una regadera	un innaffiatoio	um regador
rēuchch	regar	innaffiare	regar
Kouˏach	un panadero	un panattiere	um padeiro
mēktaf	un ancla	un'áncora	uma ancora
tarf	el bordo	il bordo	o bordo
ˏˏka	una bala	una palla	uma bala
mēdfā	un cañon	un cannone	um canhão

Exercices de lecture

français	anglais	allemand	russe
la bataille	the battle	Die Schlacht	Cražéniĕ
un ... longs	stock-broker	ein Geld-mäkler	bjrjevoi makléra
un associé	a partner	Gesellschafter	tovarische
acheter	to purchase	Kaufen	Kúprti
acquitter	to receint	quitiren	platjti
la balance	the balance	die Bilanz	balande
un billet	a bill	Anweisung	vékceli
l'agriculture	agriculture	Der Ackerbau	zemlédéliĕ
un artiste	an artist	ein Künstler	artjcta
l'art	art	Die Kunst	jckÿctvo
l'astronomie	astronomy	die Astronomia	astronomia
un cachet	a seal	Petschaft, n.	Pétchati
un canif	penknife	ein Tschermesser	perotchynnŭ nožjka
un bal	a ball	ein Ball	bale
la boule	the bowl	Kegelschieben, n.	chure
une alouette	a lark	eine Kirche	jarmonovka
une bécasse	a woodcock	eine Schnepfe	béknca
une caille	a quail	eine Wachtel	perepéle
un canard	a drake	ein Entrich	ŭtka
une anguille	an eel	ein Aal	ugori
un abricot	an apricot	eine Aprikose	abrÿkoce
un acacia	an acacia	eine Acazie	Akatsiia
une amande	an almond	eine Mandel.	mÿndaljna
Dernier	last	leste	poclédniĕ
moitié	half	die hälfte	polovjna
tiers	third	das Drittel	trétĭ
quart	fourth	das viertel	tchétvertĭ
double	double	doppelte, n	Dvoĭnŭ
triple	triple	Dreifache, n	troĭnŭ
quadruple	fourfold	vierfache, n.	tchétvernoĭ
une fois	once	einmal	raze
deux fois	twice	zweimal.	Dva razo

...et de langage usuel.

arabe	espagnol	italien	portugais
frād	la batalla	la battaglia	a batalha
sĕmsar	agente de cambio	agente di cambio	agente de cambio
chĕrik	un socio	un associato	um socio
chĕra	comprar	comprare	comprar
bĕrra	pagar	saldare	saldar
mizān	el balance	il bilancio	a balança
tĕzkra	un pagaré	un biglietto	um bilhete
flaḥa	agricultura	agricoltura	agricultura
ṣaḥĕḍṣanãa	artista	artista	artista
ṣanãa	arte	l'arte, f	arte
ĕlm-âl-flĕk	astronomia	l'astronomia	astronomia
ṭabã	un sello	un sigillo	um sello
mous âl-klam	cortaplumas	temperino	canivete
ĕrs	un baile	un ballo	baile
k̄ra	la bola	la palla	a bola
kōnbāra	una alondra	una lodola	calhandra
b˕msĕlka	chocha	beccaccia	gallinhola
sĕmmana	una codorniz	una quaglia	codorniz
brak	un pato	anitra	pato
sĕlbaḥ	anguila	anguilla	enguia
mĕchmach	albaricoque	albicocca	damasco
chōdjrĕt fĕtena	acacia	acacia	acacia
louza	almendra	mandorla	amendoa
ĕjãr	ultimo	ultimo	ultimo
n˕ṣf	metà	mità	metade
ts˕lt	terzo	tercio	terço
r̄bã	quarto	cuarto	quarto
g˕dĕk̄mĕrtyn	doppio	doble	duplo
m˕tstĕllĕt	triplo	triple	triplo
arbã aḍãaf	quadruplo	cuádruplo	quadruplo
mãrra	una vez	una volta	uma vez
mãrrãtĕjn	dos veces	due volte	duas veces

Deuxième partie.

Langage classique.

1 — Du verbe.

Considérés comme éléments du discours, les MOTS sont ou déterminatifs ou auxiliaires.

Les déNOMINATIFS désignent les idées des objets, de leurs qualités et de leurs actions, ce sont : les noms, les pronoms, les adjectifs, les participes et les verbes, qui forment les véritables parties du discours.

Les AUXILIAIRES, qui ne sont que les particules du discours servent à marquer la liaison qui existe entre les mots dénominatifs : ce sont, l'article, les adjectifs déterminatifs, les adverbes, les prépositions, les conjonctions et les interjections.

Mais le VERBE est l'âme de la parole. Il désigne les actions et les qualités des objets. Les relations entre le sujet et le verbe sont indiquées par diverses terminaisons pour le nombre, la personne, le temps et le mode. Dans l'arabe le verbe admet même la distinction des genres.

À la rigueur, on pourrait se faire comprendre en laissant le verbe invariable.

C'est ce que font naturellement les enfants et les personnes qui essayent de parler une langue étrangère dont ils n'ont pas encore fait une étude suffisante. Exemple : Moi vouloir du pain; toi vouloir du vin; lui penser que non; nous prier vous de vouloir donner à nous, prêter à nous, à eux, à lui, la voiture, de l'argent, à dîner, à souper, etc.

Ce langage primitif, qu'on retrouve en arabe, est très-intelligible, mais la langue correcte a tous les avantages de la précision, de la rapidité et de l'harmonie.

Pour faciliter l'étude des verbes, si compliquée dans les grammaires particulières, nous avons pour chaque langue dressé un tableau qui permet de saisir d'un coup d'œil toutes les terminaisons.

De plus nous avons disposé les temps composés en face des temps simples dont ils se forment. Le lecteur remarquera avec surprise qu'à ce point de vue toutes les langues ont à peu près le même genre de formation.

Le verbe AVOIR et le verbe ÊTRE, qui se reproduisent si souvent dans le langage usuel, doivent être étudiés avec le plus grand soin.

Il en est de même des particules du discours, articles, adjectifs déterminatifs, adverbes, etc. qu'on retrouve à chaque ligne.

Mais pour faire des progrès rapides, il importe de lire souvent des textes, en attendant l'occasion de parler la langue étrangère dont on fait l'étude. (voy. les exercices suivants).

Langage classique.

Anglais.	Allemand.

Béauty and pleasure spar-
kled in their countenances; but
the modest simplicity, from
wich female charms prin-
pally derive their power, was
wanting. The fig, the olive,
the pomegranate, and other
trees without number, over-
spread the plain; so that the
whole country had the appea-
rance of a garden.

Anmuth, heiterkeit und
Fröhlichkeit lachte aus ihren
holden meinen, aber man
vermiszte bei ihnen der Schön-
heit, edle Einfalt und holde
Scham. Der Feigenbaum, der
Ölbaum, der Granatbaum,
und andere Bäume bedeck-
ten die Ebene, und mach-
ten sie zu einem grossen
Garten.

Tournure anglaise mot à mot

Beauté et plaisirs éclataient sur
leurs visages, mais la modeste simplicité dont (from which) les féminins charmes principalement ti-
rent leur pouvoir, était absente.
Le figuier, l'olivier, le grenadier,
et autres arbres sans nombre, couvraient la plaine, tellement que
le tout entier pays avait l'appa-
rence d'un jardin.

Tournure allemande mot à mot.

Grâce, gaîté et joie éclataient
sur leurs visages (holden, char-
mants) mais on regrettait chez
elles cet ornement, noble simplicité et aimable pudeur. Le
figuier, l'olivier, le grenadier,
et autres arbres couvraient
la campagne et faisaient
elle un grand jardin.

II 2 De l'article.

Dans la plupart des langues lorsqu'on emploie un nom
commun qui n'est pas déjà déterminé par un mot qui l'
accompagne, on le fait précéder de l'article défini:
franç. = le, la, les, du, de la, des, au aux
allem: Der, Die, Die, Des Der Der Dem Den
angl.: the the the, of the, of the, of the to the to the.

Langage classique.

espagnol.

La hermosura, las gra-
cias, la alegría, todo brilla-
ba en sus rostros; pero en
estas se echaba de menos aquel-
la noble sencillez, aquel ama-
ble pudor, que es el mayor at-
tractivo de la hermosura. La
higuera, la oliva, el granado,
y todos los demas arboles ame-
nizaban la campiña, y hacian
de ella un espacioso jardin.

italien.

La beltà, le grazie, i piaceri
egualmente risplendevano su
i loro volti; ma nè vi si
vedeva una nobile semplicità
ed un' amabil vergogna
ch'è ciò che piace maggior-
mente nella bellezza. Il fico,
l'ulivo, il melagrano, e tutti
gli altri alberi coprivano
la campagna, e ne fa-
cevano un gran giardino.

esp:	el, la, (los, las),	del,	de la, (de los, de las),	al (a los, las)
ital:	il, la, (i, gle),	del,	della, (dei, delle)	al (ai, alle)
portu:	o, a, (os, as),	do	da (dos, das)	ao, (aos, ás)

Si le nom commun est pris dans un sens indéterminé, on le fait précéder de l'article indéfini. fr. un, all: ein; ang: a ou an; esp et ital. uno, una, et um, uma en portugais.

La langue russe n'a point d'article et en arabe l'article al sert pour tous les genres et pour tous les nombres, comme le th à anglais.

L'élision et la contraction de l'article se pratiquent en français et en italien. La contraction seule a lieu dans l'espagnol et le portugais

L'article allemand a les trois genres: der, die, das. L'article italien a une troisième forme; lo, dello, allo, qui s'emploie devant les noms masculins commençant par une voyelle ou une s suivie d'une consonne.

En anglais, l'article indéfini an, est la forme à avec une n euphonique.

PARIS

CATRONY ÉDITEUR rue Université 117

1878

Langues vivantes sans maître — un jour pour parler 8 langues. 59 livraisons à 0f 30

Une ou Deux livraisons par semaine. 16 pages

Sciences simplifiées, sans maître par le dessin — 28 livraisons à 0f 30

PROSPECTUS

(...) Sous nier les progrès obtenus, il faut avouer que la Science pratique et positive est encore restée trop hérissée d'inutiles obstacles pour pénétrer facilement dans les masses. Il faut à tout prix ouvrir une voie nouvelle, fixer les principes, présenter les résultats acquis sans faux systèmes; se mettre au point de vue de la jeunesse, qui ignore; suivre la marche naturelle de l'esprit humain; éloigner tout esprit systématique au nom de la vérité, de la justice et du progrès; réduire les sciences et les langues vivantes à leur plus simple expression; mettre à la portée de tous ce qui n'était réservé qu'à un très-petit nombre: tel est le but des œuvres de Mr Abc, auxquelles il a consacré une vingtaine d'années et dont ces deux premières collections ne forment en quelque sorte que le préambule."

À tout souscripteur : **Prime perpétuelle.** À tout souscripteur.

Les Prétendants et l'Invasion 2 v. 8f f° 4f "
Musique dramatique 8° au lieu de 9f f° 4f "
Bibliographie des Journaux " 12f f° 6f "
La Science de l'Esprit (Huet) 2 v. 8° 14f f° 7f "
Album de Paris 55 planches Rel. 25f f° 12,50
Les contemporains 60 vol 25. f° 12f,50
Histoire de la Turquie (Lamar) 6 v. 60f f° 30f "
Panorama hist. 202 cartes 540 grav 80f f° 40f "
Nobiliaire universel 40 vol 240f f° 100f "

Légendes flamandes au lieu de 6f f° 3f "
Curiosités des anciennes justices ... 6f f° 3f "
La chute du Ciel au lieu de 6f f° 3f "
Histoire de Paris (Arago) 2 v. grav 18f f° 9f "
Histoire de l'Europe (Alison) 35f f° 10f "
Physique simplifiée 4 v. fig. 60f f° 25f "
Annuaire histor. 3 v 8° 45 f° 12 "
Mélanges (Bordas-Dumoulin) 2 v. 10f f° 5f "
Relations politiques 5 v 25 f° 10f "

Pour recevoir franco les Primes, s'adresser directement à l'Éditeur en lui envoyant le montant (prix réduit).

PRIX 30 Cmes
HUIT langues
No. 3.
No. 3.
LANGUES VIVANTES comparées
Langage usuel et classique
Prononciation figurée
GRAMMAIRE EUROPÉENNE
ÉTUDE
rapide et complète
MISE A LA PORTÉE
de tout le monde.
1878
Sans maître.
1878
par Nbc.
1878
signes européens pour lire huit langues.
Règle unique.
Toute lettre surmontée d'un de
nos signes perd sa valeur propre
et prend celle du signe. Toute lettre
pointée en bas est nulle dans la
prononciation excepté dans le
russe et l'arabe.
UNE HEURE
pour lire huit langues.
français
anglais
allemand
russe
arabe
espagnol
italien
portugais
Catrony, éditeur
117 rue de l'Université 117
Croville Morant, libraire
20 rue de la Sorbonne 20
PARIS
Imp. Caillot rue Jacob 45

Langage classique

Anglais	Allemand

He admired the justice wich prevented the oppression of the poor by the rich; the education of the youth, which rendered obedience, labour, temperance habitual — Our mast was broken by à sudden gust; and the moment after we heard the points of the rocks tear open.the bottom of our vessel; the water flowing in on every side., the vessel sunk.

Er bewunderte die Gerechtigkeit, die dem Armen gegen den Reichen zu Theil wurde, die gute Erziehung der Kinder, welche an den Gehorsam, die Arbeit, die Mässigkeit, gewöhnt wurden. Ein Windstosz zerbrach unsern mast und einen Augenblick darauf hörten wir, wie die Spitzen der Felsen den Kiel unseres Schiffes öffneten. Das wasser dringt von allen Seiten ein, das Schiff sinkt.

Tournure anglaise mot à mot.

Il admirait la justice qui pré- prévient l'oppression du pauvre par le riche, l'éducation de la jeuneose qui rendaient obéissance, travail, sobriété, habituels. Notre mât était brisé par un soudain coup de vent et le moment après nous entendîmes les pointes des rochers buser, ouvrir le fond de notre navire. l'eau coulant dedans le navire s'enfonce

Tournure allemande mot à mot.

Il admirait la justice qui au pauvre contre le riche lot devrait, la bonne éducation des enfants, qui à l'obéissance, au travail, à la sobriété accoutumés devenaient. Un coup de vent rompit notre mât et un moment après entendîmes nous que les pointes des rochers, le fond de notre navire ouvrent. l'eau entre (drings. ein) de tous côtés, le navire s'enfonce.

III 3. Du substantif.

Les noms désignant les êtres ou par l'idée de leur nature individuelle (noms propres), ou par l'idée d'une nature commune à tous les individus de même espèce (noms communs) ou en considérant les manières d'être ou d'agir (noms abstraits).

Langage classique

Espagnol	Italien
Admirabō la justicia que se guarda al pobre contra el rico, la buena educacion de los jóvenes, à los cuales se les acostumbraba à la obediencia, al trabajo, à la sobriedad. — Una ráfaga rompió el mástil, y poco despues advertimos que las puntas de los peñascos habian roto el casco. Entra el agua por todas partes, húndese el navío.	Egli ammirára la giusticia esercitáta in favore del póvero contro al ricco, la buóna educazione de' fanciúlli che s'accostumávano nélla ubbidiénza, nélla fatica, nélla sobrietà. —Un úrto di vento e ruppe l'álbero, et un momènto dópo sentímo le punte degli scoglj, che aprívano a mezzo la nóstra náve. Entró l'acqua da tútti i latti, affundò la náve.

Dans presque toutes les langues, les noms éprouvent soit dans leur forme, soit dans leur terminaison, des variations auxquelles on reconnaît s'ils s'appliquent à un seul ou à plusieurs individus (singulier, pluriel). La distinction des genres (masculin, féminin, neutre) dans plusieurs langues est moins indiquée par les terminaisons que par l'article qui les précède. Les cas en usage dans l'allemand et le russe, s'indiquent dans d'autres langues par des prépositions, et les rapports des mots sont indiqués bien plus clairement par ce dernier moyen.

L'allemand a cinq déclinaisons dont la quatrième comprend tous les noms féminins, qui prennent en à tous les cas. Les voyelles a, o, u au, s'adoucissent au pluriel et changent de prononciation, ainsi que nous l'avons indiqué dans nos tableaux alphabétiques.

Les noms russes se déclinent d'après 28 paradigmes.

Langage classique.

Anglais	**Allemand.**

Anglais

They laid themselves down upon the grass, crowned themselves with flowers, and rejoiced over the wine which had been brought in large vases from the city, to celebrate the blessings of the day. — As the necessity of exposing yourself to danger increases, so should your expedients, your foresight, and your courage

Tournure anglaise mot à mot

Ils étaient couchés eux mêmes sur l'herbe, se couronnaient de fleurs et se réjouissaient dans le vin que avait été apporté dans de grands vases de la ville pour célébrer les bénédictions de la journée

Autant la nécessité d'exposer vous-même au danger augmente, autant il faut votre expérience, votre prévoyance et votre courage

Allemand.

Schon lieszen sie sich auf dem Grase nieder, bekränzten sich mit Blumen, und tranken den Wein, der in groszen Gefäszen aus der Stadt gebracht wurde, um dem glücklichen Tag festlich zu begehen.

Je mehr die Nothwendigkeit wächst, sich der Gefahr auszusetzen, je mehr musz unser Muth und unser Vorsicht zunehmen.

Tournure allemande mot à mot

Déjà couchaient-ils (lieszen... nieder) eux-mêmes sur l'herbe couronnaient eux de fleurs, et buvaient le vin, que dans de grands vases de la ville apporté était, pour (um zu) l'heureux jour solennel célébrer.

Plus (Je mehr) la nécessité qu'on se tienne en garde (wächst), lui même le danger augmente, plus il faut notre courage et notre prévoyance s'accroître.

IV Du genre. —

En anglais, la distinction des genres n'a pas la même importance que dans les autres langues, attendu que l'article et l'adjectif y sont invariables.

La terminaison *a* est une des plus caractéristiques du genre féminin en espagnol, en italien, en portugais et en arabe. Elle correspond à notre *e* muet français.

Langage Classique

Espagnol	Italien.
Ya se tendian por la blanda yerba, se coronaban de flores, y bebian juntos el vino que en abundancia se les traia de la ciudad para que celebrasen tan feliz expedicion. A proportion que crece la necesidad de exponerse, necesita la prudencia dictar nuevas exhibicios con que el valor vaya en aumento	Quivi si stendeano sull' erba, si coronavan di fiori, e beeano insieme il vino, che dentro a gran vasi si recava dalla città per solennizzare un giorno così felice. — Secondo ché va crescendo la necessità del mettersi in pericolo, bisogna altresì aver pronte nuove partite di provvidenza et d'ardire.

Sont féminin en espagnol. les noms terminés en a, d, z, is, en, ion, ente, be, re, bre, erte; en portugais ceux en a, ã, ão, ê, iel; en italien ceux en à, a, ù, zione, udine, ie, en allemand: ceux en ei, heit, keit, schaft, inn, ath, ung; en russe: ceux terminés en a, ia, (excepté ceux en mia) et en octi, en arabe. ceux terminés en a, a, et y.

En allemand, on forme le féminin en ajoutant inn et on adoucit les voyelles radicales a, o, u. der Graf, die Gräfinn (comte comtesse) der Koch, die Köchinn (cuisinier, -ière) Les noms de pays, de villes et de villages sont du genre neutre.

En russe, tous les noms des êtres vivants sont masculins ou féminins selon le sexe, sans avoir égard à la termi-naison. Pour les choses inanimées ceux en e, é, sont masculins, et ceux en e, ie, ii, o, mia, sont neutres.

En arabe, le féminin pluriel se forme en géné-ral en changeant la terminaison en at. Ce pluriel régulier féminin appartient aussi à quelques noms masculins, aux noms d'unité et d'action, à certains participes et aux noms diminutifs quelle que soit leur terminaison au singulier.

Langage classique.

| Anglais. | Allemand. |

His mild and patient endurance of my severe reprehension; his fortitude against himself, are indubitable testimonies, that he has true greatness of mind.

I remained alone, without consolation, without succour, without hope; the victim of intolerable anguish.

Tournure anglaise mot à mot.

Sa douceur et sa patiente souffrance dans mes sévères reproches; sa force d'âme contre lui même, étaient d'évidents témoins qu'il avait véritable grandeur d'âme.

Je demeurai seul, sans consolation, sans secours, sans espoir, la victime d'intolérables douleurs.

Seine Sanftmuth, die Gelassenheit, womit er mich hört, wenn ich ihm auch die härtesten Dinge sage, der Muth, den er gegen sicht selbet zeigt, beweisen eine wahrhaft grosze Seele. — Ich blieb blosz, ohne Trost, (den) ohne hülfe, ohne Hoffnung, den fürchterlichsten Qualen Preis gegeben.

Tournure allemande mot à mot

Sa douceur, la patience avec laquelle (womit) il m'écoutait, lorsque je lui alors les plus dures choses disais, le courage, qu'il contre lui-même montrait, témoignait une véritable grande âme.

Je demeurai seul, sans soulagement, sans secours, sans espoir, à mes horribles douleurs livré.

V. Du nombre.

En anglais et dans les quatre langues latines le pluriel régulier se forme par l'addition d'une S au singulier; excepté en italien, où on change en *i* pour le masculin et en *e* pour le féminin, la voyelle finale du singulier

La formation du pluriel *irrégulier* se formule dans chaque langue par quelques règles très importantes dans la pratique et très-faciles à apprendre en théorie.

1. En *Anglais* on ajoute *es* aux noms terminés par S, SS, X, sh, ch, o long; f et fe se changent en VES.

Langage classique

Espagnol	Italien.
La paciencia con que sufre que yo le diga las cosas mas duras; el valor con que emprende humillar su amor proprio, manifestan un alma verdaderamente grande. Estuve solo, sin ausilio, ni esperanza, padeciendo los mas acerbos Dolores.	La dolcézza, la paziénza in ascoltáre da me le più áspre riprensióni e il coraggio di réndersi superiore, son tutte qualità che dimóstrano un'ánima veraménte grande. Rimási sólo, senza soccorso, sénza speránza, sénsa confórto, abbandonáto a dolóri orríbili.

2 En espagnol, on ajoute es quand le nom finit par une consonne ou á, í accentués. Ceux terminés par X, Z, changent ces deux lettres en ces, et ceux précédés d'une brève avant l'S finale, restent invariables.

3. En italien les noms en io prennent j et ii, quand l'i de io est accentué. Les noms dyssyllabes en co, go, prennent chi, ghi; ceux en cá et en gá prennent che et ghe. Les finales cia et gia se changent en ci et gi, lorsque l'i n'est pas accentué.

4 En français, les finales ail, eil, et quelques noms en ou prennent une X; les finales S, X, Z restent invariables et ail, al, se changent généralement en aux.

5 En Portugais, la finale el se change en eis; il en is ou iz; z en zes; ão en ões ou ães; im, om, um en ins, ons, uns. On ajoute es aux finales r, al, ol, ul, mais dans ces trois dernières, on supprime la lettre l par euphonie.

6 En arabe, en général on ajoute yn pour le masculin et on change à en ât pour le féminin pluriel.

7 En allemand, les noms neutres commençant par ge ou finissant par niss et ent, prennent e; les finales um se changent en en. Les noms abstraits, ainsi que les noms de poids, de mesure et de quantité restent invariables. On ajoute arten aux noms collectifs.

Langage classique

Anglais

Remember the care which I took, during your infancy, to render you wise and brave. Do nothing that is unworthy of his example, or of my precepts.

Tournure anglaise mot à mot
Souvenez vous le soin que j'ai pris durant votre enfance pour rendre vous sage et courageux. Faites rien qui est indigne de son exemple ou de mes préceptes.

Allemand

Vergisz nicht, was ich in deiner Jugend für dich gethan habe, um dir die Weisheit und den Muth einzuflöszen; handle so, dasz Du deines groszen Vorbildes und der Tugend lehren würdig werdest.

Tournure allemande mot à mot
Oubliez non ce que dans votre enfance sur vous accompli j'ai, pour à vous la sagesse et le courage inculquer. Conduisez-vous ainsi que vous de ces beaux exemples et ces principes digne deveniez.

VI Adjectifs et Pronoms.

L'adjectif n'est qu'une manière abrégée de s'exprimer. Au lieu de : l'homme *qui a de la raison*, on dit : l'homme *raisonnable*. L'adjectif n'est donc pas absolument nécessaire ; aussi certaines langues n'ont pas d'adjectifs correspondants à l'allemand *silbern* et au russe *cérébrianii*, qui ne se traduisent que par deux mots : d'argent.

Mais il faut des mots au moyen desquels celui qui parle se désigne lui-même (*1ᵉ personne*) et puisse désigner celui qui écoute (*2ᵉ personne*) ou celui qui est l'objet de la parole (*3ᵉ personne*). Ces mots indispensables existent dans toutes les langues ; c'est ce qu'on appelle *pronoms* (pour le nom).

Parmi les mots auxiliaires, on distingue encore des *adjectifs déterminatifs* qui jouent le rôle de l'article, de l'adjectif et du pronom. On les partage comme ce dernier, en *possessifs, démonstratifs, indéfinis*, et dans plusieurs langues

Langage classique

espagnol

No olvides los cuidados que durante tu infancia he tenido por que llegues a ser sabio y valeroso. No hagas nada que no sea digno de los ejemplos que te he dado, y de las máximas de virtud que he procurado inspirarte.

Italien

Non dimenticate gli affáni da me sofferti nélla vóstra fanciullézza, per rendervi sávio e coraggioso. e non fáte cósa verúna che non sía degna di quei esempj e di quélle mássime di virtù che mi sóno affaticáto d'infondervi.

le même mot sert pour les deux rôles. Les pronoms personnels d'un côté et les adjectifs numéraux d'un autre jouent leur rôle à part.

L'étude de ces petits mots a une grande importance dans chaque langue, puisqu'on les emploie à chaque instant.

Adjectifs démonstratifs

Français.	Ce (ci)	cette (là)	ces (ci)	ces (là)	le même
anglais.	this	that	thèse	those	the sàme
allemand:	dieser	jene	diese	jene	derselbe.
russe:	céï	tota	cij	té	céï camïï
arabe:	hada	hadyk	hadoua	hadoukál	ferd
Espagnol:	este	aquella	estos	aquellos	el mismo.
Italien.	questo	quella	quei	quelle	il medesimo

Déclinaison allemande

Nominatif	masculin	féminin	neutre
Nominatif.	dieser	diese	dieses
Génitif	dieses	dieser	dieses
Datif	diesem	dieser	diesem
Accusatif.	diesen	diese	dieses

Langage classique.

Anglais	Allemand
Be assured that those who are insolent in prosperity, are passive and timid in distress: in proportion as they have been haughty, they become abject; and they pass, in a moment, from one extreme to the other.	Man kann darauf zählen, dasz Menschen, die sich im Glück übermüthig zeigen, im Unglück schwach und verzagt sind. Sie werden eben so kriechend, als sie vorher trotzig waren, und in einem Augenblick gehen sie von dem einen Äuszersten auf das andere über

Tournure anglaise mot à mot

Soyez assuré que ceux-là qui sont insolents dans prospérité, sont faibles et timides dans le malheur. À proportion qu'ils ont été hautains, ils deviennent abjects, et ils passent en un moment d'une extrémité à l'autre.

Tournure allemande mot à mot

On peut sur cela compter, que les hommes qui eux-mêmes dans bonheur insolents se montrent, dans l'infortune faibles et pusillanimes sont. Ils deviennent d'autant plus rampants, qu'ils autrefois hautains étaient, et en un moment passent-ils de l'une extrémité à l'autre

VII. Pronoms et adjectifs possessifs.

Les adjectifs et les pronoms possessifs, outre l'idée de possession *individuelle* (mon, ton, son, mes, tes, ses), et celle de possession *collective* (notre, votre, leur, nos, vos...), ont aussi la faculté de marquer les *personnes*.

Possessifs individuels (singulier).

français :	mon	le mien	ton	le tien	son	le sien
anglais .	my	mine	thy	thine	his	his, & hers
allemand :	meine	dermeine	dein	derdein	sein	dersein
russe :	moï	moï	tvoï	troï	évo	évo
espagnol :	mi	el mio	tu	el de tu	su	el suyo.
italien .	il mio	il mio	il tuo	il tuo	il suo,	il suo
portugais :	o minho	o minha.	o teu	r teu	o suo	o suo.

Langage classique

Espagnol	Italien
Creed que los mas insolentes en la prosperidad son en la adversidad los mas debiles cobardes; y se les ve tan tan abatidos como se los conoció suberbios; en un momento pasan de un extremo a otro.	Consideráte que gli uómini insolénti nélle prosperità sóno sémpre déboli e pauròsi nélle disgrázzie. Si véggiono tánto arviliti quánto sóno státi supérbi, e pássano da un' estrémo ad un' áltro in un sol momento.

Possessifs individuels (pluriel)

français:	mes	les miens	tes	les tiens	ses	les siens
anglais:	my	mine	thy	thyne	his	his
allemand.	meine	diemeinen	deine	diedeine	seine	dieseine.
espagnol:	mis	los mios	tus	los de Vm	sus	los suyos.
italien:	le mie	le mie	le tue	le tue	i suoi	i suoi
Portugais:	os meus	os meus	os tuos	os tuos	os suos	os suos

Possessifs collectifs (singulier)

français:	notre	le nôtre	vôtre	le vôtre	leur	le leur
anglais:	òur	òurs	yòur	yòurs	their	theirs
allemand.	unser	derunser	éuer	deréuer	ihr	derihr
russe:	náche	náche	váche	váche	jxe	jxe
espagnol.	nuestro	el nuestro	vuestro	el de Vm.	el de Vms.	el de Vms.
italien:	il nostre	il nostro	il vostre	il vostro	il loro	il loro
Portugais:	o nosso	o nosso	o vosso	o vosso	o seu	o seu

Possessifs collectifs (pluriel)

français	nos	le nôtres	vos	les vôtres	leurs	les leurs
anglais.	òur	òurs	yòur	yòurs	their	theirs
allemand:	unsre	dieunsre	éure	dièure	ihre	dieihre.
espagnol.	nuestros	los nuestros	vuestros	los de Vms	sus	los de ellos
italien.	le nostre	le nostre	le vostre	le vostre	i loro	i loro
Portugais.	os nossos	os nossos	os vossos	os vossos	os seus	os seus.

Langage classique.

Anglais

Your father looked upon me with a calm compassion, which, instead of resenting the intemperate sallies of a wretch distracted by misfor- tune, makes allowance for his infirmity. He stood silent and unmoved, till my pas- sion should be exhausted by its own violence.

Tournure anglaise mot à mot.

~~Votre père jette père~~

Votre père jetait les yeux sur moi avec une calme compassion, que au lieu de ressentir les in- tempérantes saillies d'une raison troublée par l'infortune, tenait compte de ses infirmités Il restait silencieux et immobile, jusqu'à ce que ma colère se- rait épuisée par sa propre violence.

Allemand.

Dein Vater hörte mich ruhig an; er sah mit Mitleiden auf mich, er glich einem Menschen, der statt über die Geistesverwirrung eines Unglücklichen zu zürnen,, den sein Miszgeschick erbittert hat, sie erträgt und entschuldigt. Er wartete stillschweigend, bis mein Ungestüm sich gelegt haben würde.

Tournure allemande mot à mot.

Votre père écoutait moi cal- me, il regardait avec compassion sur moi, il ressemblait à un homme, qui place sur l'alié- nation d'esprit les inconvenients de se fâcher, que son adversité irrité avait, elle supporte et excuse. Il attendait silencieux jusqu'à ce que mon emportement lui même calmé devienne (haben würde)

VIII Pronoms et Adjectifs indéfinis.

Franç.	quelqu'un,	personne.	on,	l'un,	l'autre,	tout.	rien
angl·	somebody,	nobody,	They,	the one,	the other	all	nothing.
all·	Jemand,	Niemand.	man,	der einer,	der andere,	ganz	nichts.
russe·	nékto	njkto	"	tote,	drůgoï	véci	njtchto.
arabe	ahād,	hâttÿ	álnnas,	àll'ahad,	ălájőr	kőul	hadjá
espa;	alguno,	ninguno.	se,	el uno,	el otro	todo	nada
ita:	quatchéduno,	persona;	si,	il uno,	il altro	tutto	niente.

Chacun se dit *every one* en angl; *Jedermann* en allemand; *Vciáke* en russe; *K'll ouahéd* en arabe, *Cáda uno* en espagnol, et *Ciascuno* en italien.

Langage classique

Espagnol.

Vuestro padre me miraba con aquel aire de compassion, con que un hombre, lejos de irritarse, tolera y aun escusa a un desgraciado perseguida de la fortuna. Asi tu padre guardando silencio, esperaba que desfogase mi ira.

Italien.

Vòstro pàdre nùlla perdèndo délla pròpria tranquillità, mi guardàva con un'ària di vòlto compassionévole, còme un uòmo, il quàle nonchè adiràrsene soppòrta et scùsa il turbaménto d'un infélice inaspríto dàlla fortuna. Così vòstro pàdre stàndo in silénzio, aspettàva che si fósse sfogato tutto il mio sdégno.

Pronoms relatifs et interrogatifs

franç:	lequel,	duquel	auquel	qui	que?	quoi?	quel?
angl:	which,	of the which,	tö the which.	whö,	whom?	which?	which?
allem:	welcher,	welches,	welchem,	wer	wen?	was?	welcher?
russe:	kto,	kovo,	komy	tchto,	tchto?	tchevo?	kakoï?
arabe:	ālly,	men ālly,	ālly ālly	ma,	achènova?	dch?	dma?
espag:	cual,	de quien,	a quien	quien	qué?	qué?	qué?
ital:	il quale	del quale,	al quale,	il quale,	che?	che?	quale?

Adjectifs numéraux.

Dans les deux pages suivantes nous enseignons à compter en 8 langues. En étudiant ce tableau colonne par colonne, on remarquera avec quelle simplicité on forme les nombres dans chacune de ces langues.

Pour former les nombres ordinaux, en français, il suffit d'ajouter ième; en anglais, th; en allemand te jusqu'à 20 et ste depuis ce nombre; en russe ïl (prononcez ôll), en arabe, après le nombre 10 les adjectifs ordinaux ne diffèrent pas des cardinaux. Les trois autres langues dérivées du latin, suivent de près la formation française.

Dans la plupart des langues, les trois premiers adj. ordinaux diffèrent des 3 adj. cardinaux.

français	anglais	allemand	russe
Un	one	Ein	odjne
deux	two	zwei	dva
trois	three	drei	trj
quatre	four	vier	tchétîre
cinq	five	fünf	piate
six	six	sechs	chécti
sept	seven	sieben	cémi
huit	eight	acht	vocémi
neuf	nine	neun	déviati
dix	ten	zehn	déciati
onze	eleven	elf	odjnnadtsati
douze	twelve	zwölf	dvénadtsati
treize	thirteen	dreizehn	trjnadtsati
quatorze	fourteen	vierzehn	tchétirnatsati
quinze	fifteen	fünfzehn	pixtnatsati
seize	sixteen	sechszehn	chéctnadsati
dix-sept	seventeen	siebzehn	sémnadtsati
dix-huit	eighteen	achtzehn	vocemnadtsati
dix-neuf	nineteen	neunzehn	déviatnadtsati
vingt	twenty	zwanzig	dvadtsaii
trente	thirty	dreiszig	trjdtsati
quarante	forty	vierzig	coroke
cinquante	fifty	fünfzig	piatidéciate
soixante	sixty	sechzig	chéctidéciate
soixante-dix	seventy	siebzig	cémidéciate
quatre-vingt	eighty	achtzig	vocemidéciate
quatre-vingt-dix	ninety	neunzig	dévianocto
cent	one hundred	hundert	cto,
mille	one thousand	tausend	tciatcha
la bouche	the mouth	der Mund	rote
la barbe	the beard	der Bart	boroda
les bras	the arms	die Arme	rjkj
action	action	die Handlung	déictrié
agir	to act	handeln	délati

arabe	espagnol	italien	portugais
ouahãd	uno	uno	Um
zoudj	dos	due	dois
tslètsa	tres	tre	tres
arbãa	cuatro	quatro	quatro
jãmsa	cinco	cinque	cinco
sètta	seis	sei	seis
sébãa	siete	sette	sette
tsmanya	ocho	otto	oito
tsãa	nueve	nove	nove
ãchãra	diez	dieci	dez
ahdach	once	undici	onze
atnach	doce	dodeci	doze
tlãtach	trece	tredeci	treze
arbãtãch	catorce	quattordici	quatorze
jãmstach	quince	quindici	quinze
sãttach	diez y seis	sedici	dezeseis
sébãtach	diez y siete	diciassette	dezesete
tsmãntach	diez y ocho	diciotto	dezoito
tsãtach	diez y nueve	diciannove	dezenove
ãchryn	veinte	venti	vinta
tslètsyn	treinta	tranta	trinta
arbãyn	carenta	quaranta	quarenta
jamsyn	cincuenta	cinquanta	cincoenta
sattyn	sesenta	sessanta	sessenta
sébãyn	setenta	settanta	settenta
tsmanyyn	ochenta	ottanta	oitenta
tsãyn	noventa	noventa	noventa
mja	ciento	cento	cem
ãlf	mil	mille	mil
foum	la boca	la bocca	a bocca
lahia	las barbas	la barba	a barba
drã	los brazos	le braccia	os braços
ãmtã	la accion	l'azione	a acção
amãl	obrar	agire	obrar

PARIS

CATRONY EDITEUR rue Université 117

1878

Une ou **Deux** livraisons par semaine.
16 pages

Langues vivantes
sans maître
un jour pour parler 8 langues.
59 livraisons à 0.f 30

Sciences simplifiées,
sans maître
par le dessin.
28 livraisons à 0.f 30

PROSPECTUS

(1) Sans nier les progrès obtenus, il faut avouer que la Science pratique et positive est encore réstée trop hérissée d'inutiles obstacles pour pénétrer facilement dans les masses. Il faut à tout prix ouvrir une voie nouvelle, fixer les principes, présenter les résultats acquis sans faux systèmes; se mettre au point de vue de la jeunesse, qui ignore; suivre la marche naturelle de l'esprit humain; éloigner tout esprit systématique au nom de la vérité, de la justice et du progrès; réduire les sciences et les langues vivantes à leur plus simple expression; mettre à la portée de tous ce qui n'était réservé qu'à un très-petit nombre: tel est le but des œuvres de Mr Abc, auxquelles il a consacré une vingtaine d'années et dont ces deux premières collections ne forment en quelque sorte que le préambule.

A tout souscripteur **Prime perpétuelle:** A tout souscripteur.

Les Prétendants et l'Invasion 2v 8f f°	4.f "	Légendes flamandes au lieu de 6.f f°	3.f "
Musique dramatique 8° au lieu de 9.f f°	4.f "	Curiosités des anciennes justices ... 6.f f°	3.f "
Bibliographie des Journaux " 12.f f°	6.f "	La chute du Ciel au lieu de 6.f f.°	3.f "
La Science de l'Esprit (Huet) 2v. 8° 14.f f°	7.f "	Histoire de Paris (Arago) 2v.grav. 18.f f°	9.f "
Album de Paris 55 planches Rel. 25.f f°	12,50	Histoire de l'Europe (Alison) 35.f f°	10.f "
Les contemporains 60 vol. 25.f f°	12,50	Physique simplifiée 4v. fig. 60.f f°	25.f "
Histoire de la Turquie (Lamar) 6v. 60.f f°	30.f "	Annuaire histor. 3v 8° 45.f f°	12 "
Panorama hist 202 cartes 540 grav. 80.f f°	40.f "	Mélanges (Bordas-Dumoulin) 2v. 10.f f°	5.f "
Nobiliaire universel 40 vol 240.f f°	100.f "	Relations politiques 5v 25.f f°	10.f "

Pour recevoir franco les Primes, s'adresser directement à l'Editeur en lui envoyant le montant (prix réduit).

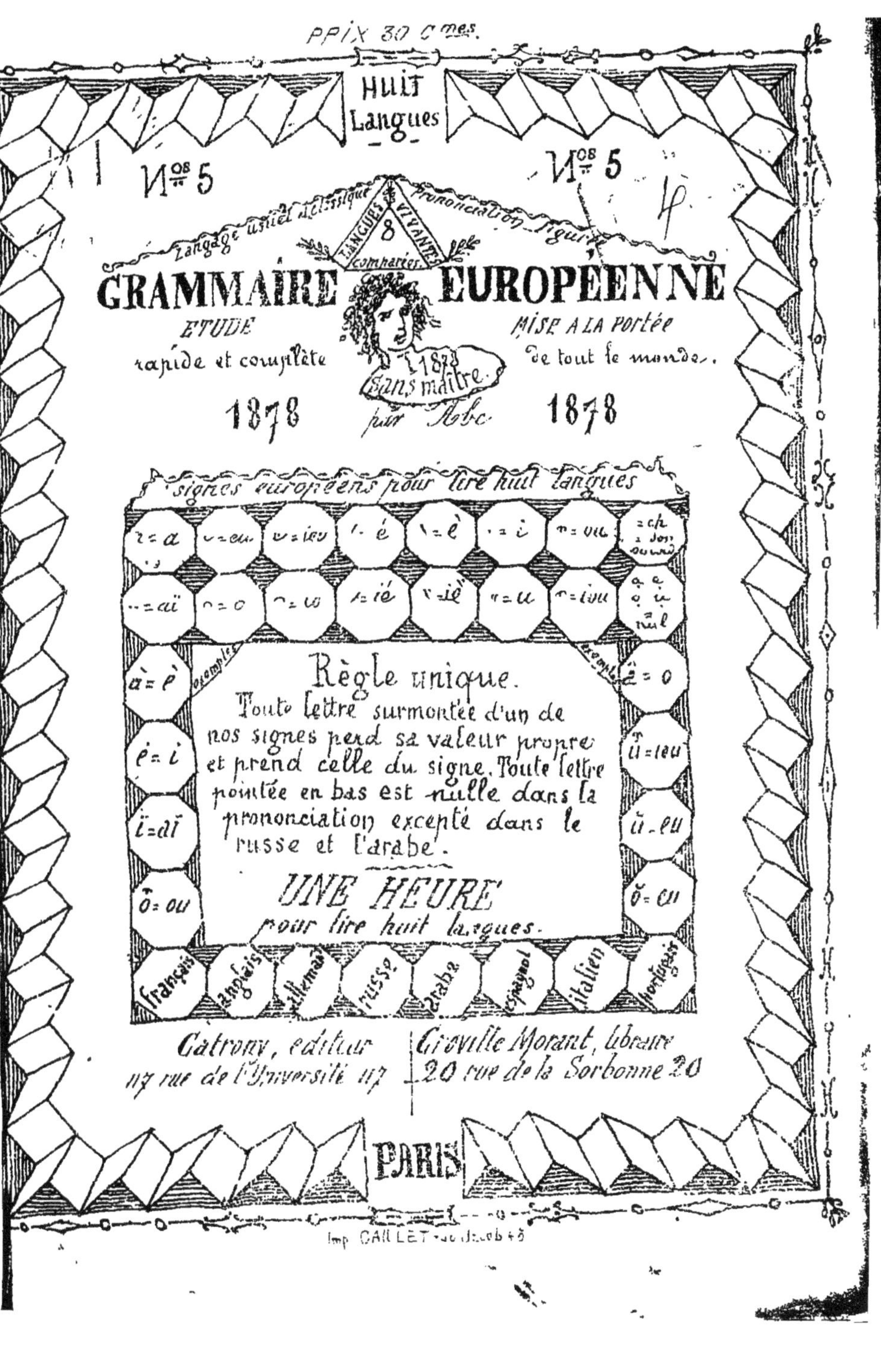
PRIX 30 c.mes
HUIT Langues
Nos 5
Nos 5
8 LANGUES VIVANTES comparées
langage usuel et classique
prononciation figurée
GRAMMAIRE EUROPÉENNE
ÉTUDE
rapide et complète
MISE A LA PORTÉE
de tout le monde
1878
sans maître
par Abc
1878
signes européens pour lire huit langues
Règle unique.
Toute lettre surmontée d'un de nos signes perd sa valeur propre et prend celle du signe. Toute lettre pointée en bas est nulle dans la prononciation excepté dans le russe et l'arabe.
UNE HEURE
pour lire huit langues.
français
anglais
allemand
russe
arabe
espagnol
italien
portugais
Catrou, éditeur
117 rue de l'Université 117
Groville Morant, libraire
20 rue de la Sorbonne 20
PARIS
Imp. CAILLET, ... Jacob 45

Conjugaisons des verbes français

Temps simples **Indicatif** Temps composés

Présent — Passé indéfini

e	is	ois	s	j'ai		
es	is	ois	s	tu as	aimé	
e	it	oit	"	il a	fini	eu
ons	issons	evons	ons	nous avons	reçu	été
ez	issez	evez	ez	vous avez	rendu	
ent	issent	ovent	ent	ils ont		

Imparfait — Plus-que-Parfait

ais	issais	evais	ais	j'avais		
ais	issais	evais	ais	tu avais	aimé	
ait	issait	erait	ait	il avait	fini	eu
ions	issions	evrons	ions	nous avions	reçu	été
iez	issiez	eviez	iez	vous aviez	rendu	
aient	issaient	evaient	aient	ils avaient		

Passé défini — Passé antérieur

ai	is	us	is	j'eus		
as	is	us	is	tu eus	aimé	
a	it	ut	it	il eut	fini	eu
âmes	îmes	ûmes	îmes	nous eûmes	reçu	été.
âtes	îtes	ûtes	îtes	vous eûtes	rendu	
èrent	irent	urent	irent	ils eurent		

Futur simple — Futur antérieur

erai	irai	evrai	rai	j'aurai		
eras	iras	evras	ras	tu auras	aimé	
era	ira	evra	ra	il aura	fini	eu
erons	irons	evrons	rons	nous aurons	reçu	été
erez	irez	evrez	rez	vous aurez	rendu	
eront	iront	evront	ront	ils auront		

Remarque. Pour conjuguer les temps simples, ajoutez au radical les terminaisons de ce tableau. Pour les temps composés, prenez le temps correspondant du verbe _avoir_ et ajoutez le participe passé.

Conjugaison des verbes français.

Temps simples — **Conditionnel** — Temps composés.

Présent.

erais	irais	evrais	rais	j'aurais		
erais	irais	evrais	rais	tu aurais	aimé	
erait	irait	evrait	rait	il aurait	fini	eu
erions	irions	evrions	rions	nous aurions	reçu	été
eriez	riez	evriez	riez	vous auriez	rendu	
eraient	raient	evraient	raient.	ils auraient		

Présent — Subjonctif — Passé

e	isse	oive	e	Que j'aie		
es	isses	oives	es	Que tu aies	aimé	
e	isse	oive	e	Qu'il ait	fini	eu
ions	issions	evions	ions	que nous ayons	reçu	été
iez	issiez	eviez	iez	que vous ayez	rendu	
ent	issent	oivent	ent	qu'ils aient		

Imparfait — Plus-que-Parfait

asse	isse	usse	isse	Que j'eusse		
asses	isses	usses	isses	que tu eusses	aimé	
ât	ît	ût	ît	qu'il eût	fini	eu
assions	issions	ussions	issions	que nous eussions	reçu	été
assiez	issiez	ussiez	issiez	que vous eussiez	rendu	
assent	issent	ussent	issent	qu'ils eussent		

Présent — Impératif — Passé

e	is	ois	s	aie	aimé	
ons	issons	evons	ons	ayons	fini, reçu	eu
ez	issez	evez	ez	ayez	rendu	été

Présent — Infinitif — Passé

aimer, finir, recevoir, rendre. | avoir { aimé, reçu, eu, fini, rendu, été.

Présent — Participe — Passé

ant, issant, evant, ant | aimé, fini, reçu, rendu.

Conjugaison des Verbes espagnols

Temps simples   Temps composés

Indicatif

Présent

o	o	o
as	es	es
a	e	e
amos	emos	imos
ais	eis	is
an	en	en

Passé indéfini

Yo he	J'ai aimé, etc.
tu has	amado (aimer)
El ha	temido (craindre)
nosotros hemos	partido (partager)
vosotros habeis	
Ellos han	

Imparfait

aba	ia	ia
abas	ias	ios
aba	ia	ia
ábamos	íamos	íamos
abais	iais	íais
aban	ian	ian

Plus-que-Parfait

Yo habia	J'avais aimé, etc.
tu habias	amado
el habia	temido
nosotros habiamos	partido
vosotros habrais	
ellos habian	

Passé défini

é	i	i
aste	iste	iste
ó	ió	ió
ámos	imos	imos
asteis	isteis	isteis
aron	ieron	ieron

Passé antérieur

Yo hube	J'eus aimé, etc
tu hubiste	amado
el hube	temido
„ hubimos	partido
„ hubisteis	
„ hubieron	

Futur simple

aré	eré	iré
arás	erás	irás
ará	erá	irá
arémos	erémos	irémos
aréis	eréis	iréis
arán	erán	iran

Futur antérieur

Yo habré	J'aurai aimé, etc.
tu habrás	amado
el habrá	temido
„ habremos	partido
„ habreis	
„ habran	

Remarque. Comme en français, ajoutez les terminaisons au radical : am-ar, tem-ér, part-ir. Les temps composés se forment aussi comme en français.

Conjugaison des verbes espagnols.

Temps simples   Temps composés.

Conditionnel

Présent

aria	eria	iria	yo habria	j'aurais aimé, été.
arias	erias	irias	'tu habrias	amado
aria	eria	iria	él habria	temido
aríamos	eríamos	iriamos	« habriamos	partido
ariais	eriais	iriais	« habriais	
arian	erian	irian	« habrian	

Passé

(voir tableau ci-dessus)

Subjonctif

Présent — Passé.

e	a	a	Que yo haya	que j'aie aimé, etc
es	as	as	que tu hayas	amado
e	a	a	que él haya	temido
emos	amos	amos	« hayamos	partido
eis	ais	ais	« hayais	
en	an	an	« hayan	

Imparfait — Plus-que-Parfait

ase	iese	iese	Que yo hubiese	que j'eusse aimé...
ases	ieses	ieses	que tu hubieses	amado
ase	iese	iese	que él hubiese	temido
ásemos	iésemos	iésemos	« hubiesemos	partido
aseis	ieseis	ieseis	« hubieseis	
asen	iesen	iesen	« hubiesen	

Présent — Impératif — Passé (inusité).

a	e	e	he aqui : voici
emos	amos	amos	he alli : voilà
ad	ed	id	he le aqui : le voici

Présent — Infinitif — Passé.

amar, temer, partir | haber amado, etc.

Présent — Participe — Passé.

amando, temiendo, partiendo | amado, temido, partido

Conjugaison des verbes italiens

| Temps simples. | | | Indicatif | Temps composés. | |

Présent — Passé indéfini

o	o	o	Io ho	J'ai loué, etc
i	i	i	tu hai	—
a.	e	e	egli ha	lodato (loué)
iamo	iamo	iamo	noi abbiamo	ricevuto (reçu)
ate	ete	ite	voi avete	vestito (vêtu)
ano	ono	ono	eglino hanno	

Imparfait — Plus-que-Parfait

ava	eva	iva	Io avera	J'avais loué, etc
avi	evi	ivi	tu averi	—
ava	eva	iva	egli avera	lodato
avamo	evamo	ivamo	noi averamo	ricevuto
avate	evate	ivate	voi averate	vestito
avano	evano	ivano	eglino averano	

Passé défini — Passé antérieur

ai	ei	ii	Io ebbi	J'eus loué, etc.
asti	esti	isti	tu avesti	—
ó	é	i	egli ebbe	lodato
ammo	emmo	immo	noi avemmo	ricevuto
aste	este	iste	voi aveste	vestito
arono	erono	irono	eglino ebbero	

Futur simple — Futur antérieur

erò	erò	irò	Io avrò	J'aurai loué, etc
erai	erai	irai	tu avrai	—
erà	erà	irà	egli avrà	lodato
eremo	eremo	iremo	noi avremo	ricevuto
erete	erete	irete	voi avrete	vestito
eranno	eranno	iranno	eglino avranno	

Remarque. Comme en français, ajoutez ces terminaisons au radical: lod-are, ricev-ere, vest-ire. Les temps composés se forment aussi comme en français

Conjugaison des verbes italiens

| Temps simples. | | | Temps composés. |

Conditionnel

Présent

eréi	eréi	iréi
eresti	eresti	iresti
erebbe	erebbe	irebbe
eremmo	eremmo	iremmo
ereste	ereste	ireste
erébbero	erébbero	irébbero

Passé.

Io avrei	J'aurais loué, etc
tu avresti	
egli avrebbe	lodato
noi avremmo	ricevuto
voi avreste	vestito
eglino avrebbero	

Subjonctif

Présent

i	a	a
i	a	a
i	a	a
iamo	iamo	iamo
iate	iate	iate
ino	ano	ano

Passé

ch'io abbia	que j'aie loué, etc
che tu abbi	
ch'egli abbia	lodato
„ abbiamo	ricevuto
„ abbiate	vestito
„ abbiano	

Imparfait

assi	essi	issi
assi	essi	issi
asse	esse	iose
ássimo	éssimo	íssimo
aste	este	iste
ássero	éssero	íssero

Plus-que-Parfait

che Io avessi	que j'eusse loué, etc.
che tu avessi	
ch'egli avesse	lodato
„ avessimo	ricevuto
„ aveste	vestito.
„ avessero	

Impératif

| Présent | | | Passé |

a	i	i	abbi	lodato
iamo	iamo	iamo	abbiamo	ricevuto
ate	ete	ite	abbiate	vestito

Infinitif

Présent — Passé

| lodare, ricevere, vestire | avere lodato, etc |

Participe

Présent — Passé

| ando, endo endo | lodato, ricevuto, vestito |

Conjugaison des verbes portugais

Temps simples — **Indicatif** — Temps composés.

Présent

o	o	o	Eu hei	J'ai aimé, été
as	es	es	tu has	
a	e	e	elle ha	amado (aimé)
amos	emos	imos	nós hémos	comido (mangé)
ais	eis	is	vos heis	cumprido (accompli)
ão	em	em	elles hão	

Passé indéfini

Imparfait

ava	ia	ia	Eu havia	J'avais aimé, etc.
avas	ias	ias	tu havias	
ava	ia	ia	elle havia	amado
avamos	iamos	iamos	nós haviamos	comido
aveis	ieis	ieis	vós havieis	cumprido
avão	ião	ião	elles havião	

Plus-que Parfait

Passé défini

ei	i	i	Eu houve	J'eus aimé etc.
aste	este	iste	tu houveste	amado
ou	eu	io	elle houve	comido
amos	êmos	imos	nós houvemos	cumprido.
astes	estes	istes	vos houvestes	
arão	êrão	irão	elles houverão	

Passé antérieur

Futur simple

arei	erei	irei	Eu haverei	J'aurai eu, etc
arás	erás	irás	tu haverás	
ará	erá	irá	elle haverá	amado
aremos	eremos	iremos	nos haveremos	comido
areis	ereis	ireis	vos havereis	cumprido
arão	erão	irão	elles haveraõ	

Futur antérieur

Remarque. Comme en français, ajoutez ces terminaisons au radical : amar (am), comer (com), cumprir (cumpr). Les temps composés se forment aussi comme en français.

Conjugaison des verbes portugais.

| Temps simples | | | Temps composés. | |

Conditionnel

Présent.			Passé.	
aria	eria	iria	Eu haveria	J'aurais aimé...
arias	erias	irias	tu haverias	—
aria	eria	iria	elle haveria	amado
ariamos	eriamos	iriamos	nós haveriamos	comido
arieis	erieis	irieis	vós haverieis	cumprido .
arião	erião	irião	ellos haverião	

Subjonctif

Présent. _			_ Passé.	
e	a	a	Eu haja	que j'aie aimé...
es	as	as	tu hajas	—
e	a	a	elle haja	amado
êmos	amos	amos	nos hajamos	comido
eis	ais	ais	vos hajais	cumprido .
em	ão	aõ	elles hajão	

Imparfait. — Plus-que-Parfait.

asse	esse	isse	Eu houvesse	que j'eusse aimé
asses	esses	isses	tu houvesses	
asse	esse	isse	elle houvesse	amado
assemos	essemos	issemos	nós houvessemos	comido
asseis	esseis	isseis	vós houvesseis	cumprido
assem	essem	issem	elles houvessem	

Impératif

Présent			_ Passé	
a	e	e	ha	amado
amos	emos	imos	hemos	comido
ai	ei	i	havei	cumprido

Infinitif

Présent _			_ Passé.	
amar, comer, cumprir			haver amado, etc	

Participe

Présent _			_ Passé	
ando	endo	indo _	ado	ido	ido

Conjugaison des verbes

allemands *et* anglais

Indicatif

acheter – Présent. – vendre   acheter – Présent. – vendre.

	allemand			anglais	
e	Ich kaufe	Ich verkaufe	"	I buy	I sell
st	Kaufst	verkaufst	st	buyest	sellest
t	Kauft	verkauft	s	buys	sells
en	Kaufen	verkaufen	"	buy	sell
t	Kauft	verkauft	"	buy	sell
en	Kaufen	verkaufen	"	buy	sell

Imparfait (les 3 passés)

Prétérit.   Prétérit.

	allemand			anglais	
te	Ich kaufte	Ich verkaufte	"	I did	
test	Kauftest	verkauftest	st	thou didst	
te	Kaufte	verkaufte	"	he did	buy
ten	Kauften	verkauften	"	we did	
tet	Kauftet	verkauftet	"	you did	sell
ten	Kauften	verkauften	"	They did	

Futur simple.

allemand		anglais	
Ich werde		I shall	
Du wirst		thou wilt	
er wird	Kaufen	he will	buy
wir werden		we shall	
ihr werdet	verkaufen	you will	sell
sie werden		they will	

Conditionnel

Présent   Présent

allemand		anglais	
Ich würde		I should	
Du würdest	kaufen	thou wouldst	buy
er würde		he would	
wir würden	verkaufen	we should	sell
ihr würdet		you would	
sie würden		they would	

Remarque. La conjugaison des verbes de ces deux langues est d'une simplicité remarquable. On peut remarquer leur analogie dans la formation du futur et du Conditionnel. Le temps composés s'y forment comme dans les langues latines, et en allemand le participe précède l'auxiliaire.

Verbes – allemands et anglais – Verbes

Subjonctif

acheter – *Présent* – vendre   acheter – *Présent* – vendre

dasz ich kaufe ,	verkaufe	That I may	
dasz Du kaufest,	verkaufest	That thou mayst	buy
dasz er kaufe ,	verkaufe	That he may	
dasz wir kaufen,	verkaufen	That we may	sell.
dasz ihr kaufet ,	verkaufet	That you may	
dasz sie kaufen,	verkaufen	That they may	

Imparfait   Imparfait

Dasz ich kaufte ,	verkaufte	that I might	
Dasz Du kauftest,	verkauftest	That thou mightst	buy
Dasz er kaufte ,	verkaufte	that he might	
Dasz wir kauften,	verkauften	that we might	sell
Dasz ihr kauftet,	verkauftet	that you might	
Dasz sie kauften,	verkauften	that they might	

Impératif

     Présent   Présent

Kaufe ,	verkaufe	Buy ,	sell
Laszt uns kaufen,	verkaufen	Let us buy; Let us sell.	
Kauft ,	verkauft	Buy ,	sell

Infinitif

     Présent   Présent

Kaufen, verkaufen | to buy, to sell

     Passé   Passé

gekauft haben , verkauft d. | to have brought, sold

Participe

     Présent   Présent

Kaufend , verkaufend | buying, selling

     Passé   Passé

gekauft , verkauft | bought, sold.

En général la particule ge sert à former le participe passé allemand.

Conjugaison des verbes arabes

Verbe trilitère régulier		Verbes défectueux	
écrire	finir (v sourd)	acheter	oublier

Prétérit (traduit nos temps passés.)

ktēbt –	tēmmyt	cheryt	usyt
ktēbt, f. –i	tēmmyt, f. –i	cheryt, f. –i	usyt, f. –i
ktēb, f. ketbet	tēmm, f. –et	chrȳ, f. chrat	usȳ
ktēbna	tēmmyna	chēryna	nsyna
ktēbtoua	tēmmytoua	cherytoua	nsytoua
ktēbtoua	tēmmoua	chrāoua	nsāoua

Aoriste. (Présent ou futur) 3 modes.

nēktēb	nētēmm	nēchry	nēnsȳ
tēktēb, f. –y.	tētēmm, f. –y	tēchry, f. –ȳ	tēnsȳ, f. –i
yktēb, f tektēb	ytēmm, f. –eᵉ	ychry, f. –t	ynsȳ
nēktēboua	nētēmmoua	nēchrioua	nensāoua
tēktēboua	tētēmmoua	tēchrioua	tensāoua
ytēboua	ytēmmoua	ychrioua	yensāoua

Impératif. (négatif, se rend par l'Aoriste)

s. ăktēb, f. –y	tēmm, f. –y	ăchry, f. –y	ănsā, f. –y
pl. aktēboua	tēmmoua	achrioua	ănsāoua

Participe présent (adj. verbal actif).

s. katēb, f. katba	tamm, f. –a	chary, f. –a	nasy, f. –a
pl. katbyn	tammyt	charyyn	nsyyn

Participe passé. (adj. verbal passif).

s. mēktoub, f. –a	mētmoumy, f. –a	mēchry, f. –ya	mensy, f. –ya.
pl. mēktoubyy	metmoumyn	mēchryyn	mensyyn

Remarque. Ce tableau résume la conjugaison de l'arabe vulgaire d'Alger. En comparant les temps et les personnes de ces modèles, on constatera une simplicité remarquable.

Conjugaison des verbe arabes.

Verbes concaves.

dire	mesurer	craindre

Prétérit (traduit nos temps passés.

dire	mesurer	craindre
qᵒlt	qist	jᵒft
qᵒlt, f. - i.	qist, - f. i	jᵒft, f. i
qal, f. - et.	qas, - et	jaf - f - et
qᵒlna	qisna	jᵒfna
qᵒltoua	qistoua	jᵒftoua
qaloua	qasoua	jafoua

Aoriste (Présent ou futur) 3 modes

dire	mesurer	craindre
ngoul	nqys	njaf
tgoul, f. - y	tqys, f. - y	tjaf, f. - y
ygoul, f. - t	yqys, f. - t	yjaf, f. - t
ngouloua	nqysong	njafoua
tgouloua	tqysoua	tjafoua
ygouloua	ygysoua	yjafoua.

Impératif. (négatif, se rend par aoriste)

dire	mesurer	craindre
qᵒl, f. - y	qis, f qysy.	jaf, f - y
qᵒloua	qysoua	jafoua

Participe présent (adj. verbal actif)

dire	mesurer	craindre
qayl, f. - a	qays, f a	jayf, f. - a
qaylyn	qaysyn	jaffyn

Participe passé. (adj verbal passif).

dire	mesurer	craindre
mgoul, f. - a	mqyous, f. - a	mjouf, f. - a
mgoulyn	mqyousyn	mjoufyn

Remarque. La conjugaison de l'arabe littéral ou écrit est plus compliquée. On distingue 13 formes dans les verbes trilitères (3 lettres) et 4 formes dans les verbes quadrilitères (4 lettres).

Conjugaison des verbes russes

Temps simples   Temps composés

faire   louer   flétrir

Présent   Indicatif Présent.

Ja délaiou	xraliou	rianu	
tü délaéchü	xraljchü	rianéchü	Passé indéfini
one délaéte	xraljte	rianéte	
mü délaéme	xraljme	rianéme	Comme le Prétérit.
vü délaété	xraljté	rianété	—
onj délaiouté	xraljate	rianjte	

Passé ou Prétérit

Ja délale (a. o)	xraljle (a. o)	riale (a. o)	
tü o	o	o	Passé antérieur
one o	o	o	et
mü délaljj (3 g.)	xraljlj (3 g)	rialj (3 g)	Plus-que-Parfait
vü o	o	o	comme le Prétérit
onj o	o	o	

Futur simple.

Ja bydü		
tü bydéchü	délrtü	Futur antérieur
one bydéte	xraljtü	comme
mü bydéme	rianjtü	le Conditionnel.
vü bydété		
onj bydjjte		

Impératif

s. délaü	xralj	riani	
pl. délaüté	xraljté	rianité	"

Remarque. Le futur n'a point d'inflexion particulière. Il se forme à l'aide de l'auxiliaire bydü joint à l'infinitif du verbe que l'on conjugue.

Conjugaison des verbes russes

Temps simples	Temps composés

Conditionnel

Présent		Passé
Ia délale-bü	Je serais	
tü xvaljle-bü	tu louerais	Comme le
one viale-biü	il flétrirait	conditionnel
mü délalj-bü	nous ferions	Présent.
rü xvaljÿ-bü	vous loueriez	
onÿ vialj-bü	ils flétriraient.	

Subjonctif

Présent	Passé.
tchtobé ia délale-bü	
(que) tü xvaljle-bü	Les 4 temps
ẅ one viale-bü	du Subjonctif
ẅ mü délalÿ-bü	se conjuguent
ẅ rü xvaljÿ-bü	de la même
ẅ onÿ vialj-bü	manière.

Infinitif

faire   louer   flétrir
délatü, xvaljtü, viaytü

Participe

Présent		Passé
Délaioustchiü,	faisant.	délaxchiü
xvaliustchiü,	louant.	xvaljvchiü
viaystchiü,	flétrissant.	viaxchiü.

Les modes *Conditionnel* et *Subjonctif* des autres langues s'expriment en russe par le Prétérit de l'Indicatif suivi de la particule bü.

PARIS

CATRONY EDITEUR rue Université 117

1878

Une ou *Deux* livraisons par semaine.
16 pages

Langues vivantes sans maître
un jour pour parler 8 langues.
59 livraisons à 0,f 30

Sciences simplifiées, sans maître
par le dessin
28 livraisons à 0,f 30

PROSPECTUS

(1) Sans nier les progrès obtenus, il faut avouer que la Science pratique et positive est encore restée trop hérissée d'inutiles obstacles pour pénétrer facilement dans les masses. Il faut à tout prix ouvrir une voie nouvelle, fixer les principes, présenter les résultats acquis sans faux systèmes; se mettre au point de vue de la jeunesse, qui ignore; suivre la marche naturelle de l'esprit humain; éloigner tout esprit systématique au nom de la vérité, de la justice et du progrès; réduire les sciences et les langues vivantes à leur plus simple expression; mettre à la portée de tous ce qui n'était réservé qu'à un très-petit nombre: tel est le but des œuvres de Mr Abe, auxquelles il a consacré une vingtaine d'années et dont ces deux premières collections ne forment en quelque sorte que le préambule.

A tout souscripteur: **Prime perpétuelle**: A tout souscripteur.

Les Prétendants et l'Invasion 2 v. 8f fo		4,t "	Légendes flamandes au lieu de 6,f fo 3,t "
Musique dramatique 8o au lieu de 9, f fo 4, t "			Curiosités des anciennes justices ... 6f fo 3,t "
Bibliographie des Journaux .. 12t fo 6, "			La chute du Ciel au lieu de 6f fo 3,T "
La Science de l'Esprit (Huet) 2 v. 8o 14,t fo 7,t "			Histoire de Paris (Arago) 2 v. grav 18,t fo 9,t "
Album de Paris 55 planches Rel. 25,f fo 12,50			Histoire de l'Europe (Alison) 35t fo 10, "
Les contemporains 60 vol 25,f fo 12,f 50			Physique simplifiée 4 v. fig 60t fo 25,f "
Histoire de la Turquie (Lamar) 6 v. 60f fo 30, "			Annuaire histor. 3 v 8o 4f fo 12 "
Panorama hist. 202 cartes 540 grav. 80f fo 40,t "			Mélanges (Bordas-Dumoulin) 2 v. 10f fo 5,t "
Nobiliaire universel 40 vol 240,t fo 100,t "			Relations politiques 5 v 25 fo 10,t "

Pour recevoir franco les Primes, s'adresser directement à l'Éditeur en lui envoyant le montant (prix réduit).